美しいもの

白洲正子エッセイ集〈美術〉

白洲正子
青柳恵介＝編

角川文庫
19200

美しいもの

目次

図版作成／リプレイ

飛鳥散歩

私がしきりに飛鳥へ通ったのは、戦前のことである。誰にすすめられたのでもなく、本で読んだわけでもない、ただ漠然と飛鳥がなつかしく、ひまさえあればさまよった。今憶い出してみても不思議な気持ちだが、それは私だけのことではなく、あらゆる日本人に、多かれ少なかれ共通な感情であろう。飛鳥は日本のふるさとといわれるが、もしかすると、求めていたのは、自分自身の魂だったかも知れない。

当時は便利な案内書もなく、車も自由でなかった。岡寺の駅で電車を降り、田圃《たんぼ》の中を歩いて行くと、深い緑にかこまれた古墳の群れが現れる。飛鳥へ入る道はいくつもあるが、真直ぐ行くと岡寺へつき当たるこの道が、私は一番好きだった。時には古墳群の中へ迷いこんだ。南に近く、天武・持統の檜前大内陵《ひのくまおおうちのみささぎ》がそびえ、その裾を回って行くと、上の丘に「鬼の俎《まないた》」、下の畑に「鬼の雪隠《せっちん》（厠《かわや》）」という大きな石がころがっている。これは古墳の石槨《せっかく》が何かの拍子に分かれ、蓋の部分が下に落ちたと聞くが、そういう名前やいわれを知ったのも、のちのことである。村の人の話によると、昔その辺は非常に寂しい場所で、鬼が出たという伝説があり、それが古墳の石と結びついたのであろう。俎とか雪隠という生活用品を想像したところに、昔の人々のユーモアが感じられる。

万事そういった調子の、手さぐりの散歩であった。田圃の向こうに御陵が見えるので、耕しているお爺さんに聞いてみると、あれは欽明さんの御陵で、隣にお姫さんのお墓もあるが、行ってはいけませんよ、行くと必ず祟りがあって、病気になるという。怖いもの見たさに立ち寄ってみると、清らかな円墳で、別に何ということもない。が、中へ入ったとたん、私ははっとした。深く積もった落ち葉の蔭から、異様な石人が睨みつけていたのである。

これは「猿石《さるいし》」といって、今では飛鳥名物の一つになっているが、当時は知る人も少なく、突然そんなものに出くわすこともあったのだ。お墓は欽明天皇の孫の吉備姫《きびのひめの》王《おおきみ》のもので、村人たちに恐れられたのは、そこが禁足の地で、みだりに入ることを戒めたのであろう。有名になるとともに。そういう伝承が失われて行くのは惜しい。最近聞いた話では、柵を作って、立ち入り禁止になったというが、同じことなら祟りがあるかも知れないと、後々までも気になる方が人間味がある。

この辺一帯を檜前というが、古くは帰化人が住んでいたとかで、のびのびした田畑の風景といい、そこに働く人々といい、今でも大陸めいた雰囲気が感じられる。ここから西の真弓丘《まゆみがおか》と、越智丘《おちがおか》へかけて、御陵や古墳が沢山見られるのも、彼らの技術によことが多かったためだろう。檜前の南のはずれには、帰化人の祖、阿知使主《あちのおみ》を祭った於《お》美阿志《みあし》神社があり、藤原初期の十三重の石塔が建っている。そのうち三層は失われているが、人気《ひとけ》のない森の中に堂々として建つ姿は、昔ここにあったと伝えられる檜前寺の壮観を偲ばせる。近年その下から、ガラスの舎利壺と、ガラスの玉が沢山発見された。塔は今解体修理中で、二、三年後には完成するという話だが、神社と並んでお寺があった頃は、一つの信仰の中心をなしていたに違いない。そういうことを物語る礎石も遺っている。

法隆寺にある百済《くだら》観音は、飛鳥から移されたと聞くが、私はここの本尊だったような気がしてならない。日本で造られたか、百済から将来されたか、はっきりわかっていないらしいが、檜前に住んだ帰化人たちが望郷の想いにかられて、あのような美しい仏を創造したと考えても、そう間違ってはいないであろう。

檜前から元来た道を戻ってもいいし、田圃伝いに文武天皇陵のわきを通り、橘寺へ出てもいい。地図にはのってないような古道もあって、推古天皇や聖徳太子も、同じ土を踏まれたかと想うと、万感胸にせまる心地がする。飛鳥は特別田圃がきれいな所で、春はれんげ、秋はこがねの波がつづいているが、「みずほの国」という言葉が、実感をもってよみがえるのはそういうときである。特に夏の夕暮れ、葛城山《かつらぎさん》に日がかたむき、青田の上を涼風がわたる頃、長い影をひいて暮れて行く飛鳥の里は美しい。落日を礼拝する信仰、西方浄土への憧憬も、こういう景色の中から生まれ、人の心に深く刻まれて行ったのであろう。しきりにそんなことが想われる寂光のひとときである。

再び広い道に出ると、橘寺の手前の畑の中に、これも近頃有名になった「亀石」が、大きな背中を見せてうずくまっている。自然の石を甲羅にみたて、下の方に目鼻だけつけたこの造型は、不気味に見えるほど力強い。それが飛鳥のほぼ中心に居坐っているのは、何か象徴的な感じさえする。猿石と同じように、これも一種のお呪いか、境界を示すしるしであったらしいが、橘寺にも「二面石」という不思議な石の彫刻があり、飛鳥の石にはわからないことが多いのである。その他、酒船《さかふね》石、弥勒石、益田池《ますだのいけ》の石舟《いわふね》など、何れも謎に包まれているが、それだけにかえって私たちの興味をそそる。

橘寺は、聖徳太子生誕の地で、欽明天皇の離宮の跡に建てられたという。太子の誕生にふさわしく、景色のいい所で、仏頭山という山を背景に、川原寺と向き合い、その先に遠く香具山が望める。香具山は、北側より、飛鳥から見た方が美しく、左手には耳成《みみなし》も見え、畝傍《うねび》だけが西の方に、一つ離れてそびえ立つ風景は、「香具山は畝傍を《を》愛しと耳成と相争《あひ》ひき」という物語の、三山の関係をよく表している。天智天皇は、みずからを香具山にたとえられたのであろうか。

橘寺の東で、飛鳥川を渡ると、岡の集落に入る。左の田圃のあたりが、「板蓋宮《いたぶきのみや》」跡で、ここ数年にわたって発掘が行なわれ、井戸や石畳が発見された。これは斉明天皇の宮があった所で、「日本書紀」によると、天皇はここに遷《うつ》って間もなく、小墾田《おはりだ》に「大宮」を計画し、瓦葺きの宮殿を造られたという。板葺きも、瓦葺きも、当時は珍しかったのである。が、反対する人々が多かったのか、工事はなかなか進まず、建築の用材が山の中で朽ちるという始末であった。

その年の冬には、板蓋宮も焼け、小墾田宮も中止になって、天皇はすぐ眼の前の川原《かわらの》宮《みや》へ遷られる。飛鳥の中で、斉明天皇だけでも、何度も遷都されるのだが、まして、飛鳥時代百年の間に、造られた宮殿や離宮は厖大な数にのぼるであろう。その上、大きな寺院が何十となくひしめき合っていた。飛鳥と呼ばれる地域が、どのくらいの面積か、はっきりしたことは知らないけれども、少し高い所へ登れば一目で見渡せるし、私なぞが足で歩ける程せまい土地なのである。その中に甍を並べてきそい建つ伽藍や宮殿は、想像を絶する壮観であったろう。まさにそこのところに発掘の困難はあるらしい。こんなせまい空間に、記録に残るだけの建築が、全部おしこまれたはずはない、焼けたり、捨てられたりした後に、新しく上へ上へと積み重なって行ったのであろう。たとえば、推古の小治田《おはりだ》には、斉明の小墾田が重なっているだろうし、板蓋宮と川原寺の間には、錯綜した部分も多いに違いない。そういう意味では、飛鳥は立体的な古都なのだ。地下には私たちが見るのと別な飛鳥がかくれている。そういう観点から、発掘は進められているようだが、長くかかるのは当たり前なことで、これから先、何代にもわたる大事業となるだろう。素人の私には委しいことはわからないが、真っ黒になって、泥にまみれて働いている考古学者たちを見るたびに、頭が下がる想いがする。

板蓋宮を見下ろす位置に、岡寺が建っている。草壁皇子《くさかべのみこ》（天武天皇の皇子、日《ひ》並知皇《なみしのみ》子尊《このみこと》）の宮跡で、御殿の名に因んで、のちに皇子は岡宮御宇天皇《おかのみやにあめのしたしろしめししすめらみこと》と追号された。つつじのきれいな所で、寺というより宮の面影を今でも残している。私はこの寺へ登って行く参道が好きだった。ゆるやかなカーブに沿って、茅葺《かやぶ》きの家並みがつづき、スペインか、イタリーあたりの村に似ていた。今はそういう情趣はない。

どこがどう変わったか知らないが、しっとりした落ち着きがなくなった。これは飛鳥全体についてもいえるが、文句をいってもはじまるまい。早く国が買うなり、保存するなりして、歴史公園のようにしてほしいと思うが、そうしたところで巧く行くかどうかわからない。それより一般の人々が、飛鳥を愛し、大切にすることが先決問題であろう。役人や学者だけに任せておくのは無責任だ。そう思って、知識に乏しい私が、こんな文章も書いてみるのである。

岡寺の本尊は、四・五メートルもある如意輪観音で、お堂の中は、暗い上にせまくてよく拝めないが、藤原初期のみごとな彫刻である。その体内から、先年、小さな如意輪の半跏《はんか》像が出た。奈良の博物館にあるので、御存じの方も多いと思うが、孝謙天皇の持仏であったと伝えられ、女帝にふさわしい夢みるような仏である。

本堂の前には、小さな池があって、「寺伝」によると、この寺の創立者義淵《ぎえん》僧正が、岡の村に災いをした竜を、その中に封じこめたという伝説がある。よってこの寺を「龍《りゅう》蓋寺《がいじ》」と名づけたとあり、それが正しい名称だが、私たちにはやはり「岡寺」の方がなつかしい。寺を下った所で、道は二つに分かれ、先へ真直ぐ行くと、飛鳥坐《あすかにいます》神社につき当たる。その周辺が、飛鳥発祥の地であるが、南へ折れると山に入り、飛鳥川の上流に達する。いわゆる飛鳥文化は、この川の流域に発達したので、その源ともいうべき飛鳥の川上は、ぜひ一度は訪ねてみたい所である。

さすがにここだけは、私も歩いては行かなかった。道はせまいが、どうにか車は通れる。岡寺の先から、登り坂になって、深い山に入り、急に山気がせまって来る。「昨日の淵は今日の瀬となる」と、人生の無常にたとえられた飛鳥川は、昔はもっと大きかったに相違ないが、上流の方はそう変わってはいないと思う。祝戸《いわいど》という所で、多武峰《とうのみね》から流れ出る細川といっしょになり、滝つ瀬となって落ちて行くが、祝戸の名が示すように、二つの川が寄り合う地点で、昔はみそぎが行なわれたのであろう。

御食《みけ》向《むか》ふ南淵山《みなぶちやま》の巌には

降れるはだれか消え残りたる（万葉集）

人麻呂の歌で知られた南淵も遠くはない。今は稲淵と呼ばれるが、道傍《みちばた》の小高い所に南淵《みなぶちの》請安《しょうあん》の墓があり、請安は、中大兄皇子や中臣鎌足を薫育した、当代一の学者であった。若い皇子は、蘇我氏の討伐や、律令国家の懸案など、どれほど多くの想いを秘めてこの道を往復されたことか。入鹿《いるか》殺害の密議も、この山中で行なわれたに違いない。暗くきびしい山の気配は、危機をはらんだ当時の状勢を彷彿《ほうふつ》とさせるが、飛鳥の川上は、そういう意味でも日本文化の水源といえるのである。

このあたりには、古い民間信仰も遺っている。一月十五日にはカンジョウ（勧請であろう）といって、川の向こうから此方側へかけて縄をはり、その真ん中に、藁で作った男性の象徴をつるし、地鎮祭を行なう。少し奥の栢森《かやのもり》でも、こちらの方は女性を表したもので、同じような祭事をするが、古い信仰にはそういった種類のものが多いのである。いうまでもなく、生殖の秘密をまねぶことによって、治水と豊穣を祈ったのであるが、川の淵には大きな岩があって、そこへ神様が川を渡って降臨するというのは面白い。変遷常なき水の神が、おおむね女神であるのは想像にかたくないが、稲淵にはウスタキヒメ、栢森にはカヤナルミの社《やしろ》があり、両方とも滝のひびきを想わせる名前である。その社が、川が合流する地点に建っているのも、そういう所は水が出やすいのと、女体を連想させる地形であるからだろう。「斉明記」には、天皇が何度も行幸されたと伝えているが、女帝にはことさら霊験あらたかな聖地だったかも知れない。

栢森から峠を越すと、向こうはすぐ吉野である。実際にも、このあたりの景色は、飛鳥より吉野に近く、樵夫《きこり》を業とする生活も、吉野に似ている。持統天皇が度々吉野へ行幸されたのは、この道を通ったと想われるが、飛鳥の川上からさらに奥深く、みそぎの地を求めての旅だったのではあるまいか。度重なる行幸が、単に遊楽のためとは考えられない。

山を下りて、再び祝戸へ出ると、眼の前にひらけた飛鳥の京が、いっそう明るく、美しく感じられる。多武峰からなだれ落ちる稜線が、ゆるやかになった丘の起伏の上に、馬子《うまこ》の墓と伝える「石舞台」が望める。この辺も昔とは変わった。宅地造成のためだけではなく、堀をほって古い状態に復元したからで、当初の姿に還《かえ》したいという意図はよくわかるが、そのために荒々しい土が出たりして、索漠とした風景になった。柵ができて、入場料も取るようになった。それが悪いというのではないが、昔は一面の草原で、今下りて来た南淵の山を背景に、段々畑が望めるという、牧歌的な景色であった。時には学校帰りの子供たちが、石舞台の上で遊んでいたりした。そういう憩いの場であったのが、今は観光というより、考古学の資料か標本みたいに見える。

思うに考古学では復元が可能だが（少なくともそう信じられているが）、歴史は二度と繰り返さない。そういう真実をこの景色は語っている。石舞台にかぎっていえば、千何百年の間に、墓の盛り土がくずれ、少しずつ堀が埋まって行き、その上にいつとはなしに草が生え、木が繁った。それが歴史の姿というものだ。たしかに生まれた当時とは違うだろう。が、違うからといって、復元しても決して元に戻りはしない。いや、完全に復元したら、どういうことになるか。飛鳥は赤土と葺き石の山だらけと化すだろう。

歴史と考古学が食い違うのは、そこのところで、だからといって私は考古学が間違っているというのではない。歴史家の中にも、事実のみ求めて、歴史を忘れる人々は多いのである。金の卵を生む鶏を、殺してしまう昔噺は、いつの世にも絶えない。ほんとうの学者とは、鶏を育てる人であり、木を植える人だと私は思う。

少し横道へそれた。が、それも散歩の一つの愉しみだから許して頂きたい。また元の道へ戻って、岡寺の前をすぎて行くと、右手に「酒船石」、左に飛鳥寺が見えて来る。推古四年（五九六）、蘇我馬子が建てた寺で、聖徳太子が止利《とり》仏師に命じて造らせた、日本最古の仏像がある。「飛鳥大仏」と呼ばれているが、破損がひどくて、昔の面影はない。が、度々の火災と風雪に耐えたお顔は美しく、何か神秘的な感じさえする。中大兄皇子と鎌足が出会った、歴史的場面も見て来たであろうし、蘇我氏の興隆と没落も、眼《ま》のあたり経験したに違いない。もはや何も驚くことはない、少し長生きしすぎた、そういう表情である。

お堂の前には、入鹿の首塚と伝える五輪塔があり、先年その下から古い礎石が発見されたという。飛鳥には今でも蘇我の名をもつ人たちがいるが、祖先の哀れな最期を悼んで、供養の塔を建て、くずれてはまた建て直したのであろう。飛鳥はそういう所である。ささやかな石塔の下にも、汲みつくせない歴史が秘められている。

道をつき当たった右手に、先に書いた飛鳥坐神社が建っている。淳和《じゅんな》天皇の時代に、飛鳥の神南備《かむなび》から遷されたといい、ウスタキヒメやカヤナルミとともに、飛鳥川の鎮めの神であった。折口信夫氏は、この神社の社家の出で（正確には、祖父が飛鳥氏に生まれた）、現在の宮司は、八十六代目に当たるというが、そういう古い家柄の人々には、何か特別な血が流れているのかも知れない。

はすすきに　夕ぐもひくき　明日香《あすか》のや

わがふるさとは　灯《ひ》をともしけり

これは、迢空《ちょうくう》折口信夫の詠《えい》で、三十一字の中に、しんしんと、飛鳥の夕べを感じさせる。ゆきたむ丘の上に立って、この歌を口ずさむとき、古人の魂は還って来るに違いない。折口さんほど飛鳥を愛し、骨肉化して現代に活かした人はないと思う。

この辺から西へかけて丘陵がつづくが、豊浦《とゆら》、雷《いかずち》のあたりを、「逝《ゆ》き回《た》む丘」といったらしい。地名ではなく、飛鳥川に沿って、ゆるやかにつづく丘陵を、そういう名前で呼んだのである。その中心に、「甘樫丘《あまかしのおか》」があった。ここは探湯《くかたち》といって、熱湯に手を入れて正邪を裁く占いをした所で、もっとも神聖な山とされていた。

大君《おほきみ》は神にしませば天雲《あまくも》の
いかづちの上に廬《いほ》らせるかも　　　人麻呂

王《おほきみ》は神にしませば雲隠る
いかづち山に宮敷きいます　　　同

「万葉集」に、しきりに詠まれた雷 丘《いかずちのおか》も、その対岸に見える。そびえている、といいたいところだが、小さいので、うっかりすると見すごしてしまう。「衣乾したり天《あま》の香具山」も、この雷丘も、歌の姿から想像すると、富士山ぐらい高い感じだが、それには信仰の力も手伝っていたに相違ない。彼等の誇張を笑うより、こんな低い山から、あんな高い調子の歌を創造したことを、私たちは讃嘆すべきであろう。それはどこかで亀石や猿石ともつながっている、古代人の生活力の表れのようにも見える。

天武天皇の浄御原宮《きよみはらのみや》も、雷丘の麓にあった。万葉集で見ると、この辺は萩の名所で、紅葉《もみじ》もきれいな所だったらしい。天皇が崩御になったとき、后《きさき》の持統天皇が詠んだ歌が遺っている。

神丘の山の黄葉を　今日もかも　問ひ給はまし　明日もかも　見し給はし……

その美しい「神丘」のあたりを、飛鳥の神南備といったのだが、かむなびは、神のなびく所、神の依る場所の意で、飛鳥の中の飛鳥ともいうべき聖地であった。飛鳥坐神社は、ここから今の所へ遷座《せんざ》し、さらに、ウスタキヒメ、カヤナルミと遡って行ったのである。川下から川上へ、それが古代の信仰のきまって描く文様であった。

その北側を、八木から桜井へぬける街道が通っているが、西北のはずれに「剣《つるぎ》の池」があり、水をへだてて孝元天皇の御陵が望める。飛鳥の中でも、私がもっとも好きな場所で、よくお弁当持ちで出かけたものである。枕詞として「御佩刀《みはかし》を剣の池」といわれたように、ここには剣が沈んでいるという伝説があり、千古の緑をたたえた水の面《おも》に、畝傍が影を落とし、水鳥が啼いていたことを憶い出す。ところが、五、六年前に行ってみると、ゴルフの練習場ができていた。最近はそれもなくなって、沢山団地が建ったという。飛鳥は西北の方から、次第に浸蝕されているのだ。こうして書いている間も、崩壊する音が聞こえて来るような気がする。だが、私は飛鳥の挽歌が謳《うた》いたいのではない。飛鳥の夕映えには、明日の日和《ひより》を約束するものがある。飛鳥の石には、底知れぬエネルギーがひそんでいる。そういうものをつかみたい、つかんで頂きたいと想ってこれを書いた。日本人のふるさとを、生かすも殺すも私たち次第なのである。

（『新編　日本の旅十　奈良』小学館、一九七〇年）

美術に見るさくら

源氏物語をはじめとし、平安・鎌倉期の絵巻には、桜を描いたものが多い。色といい、姿といい、大和絵にはうってつけで、時代の精神を現わしている。寝覚物語の主人公は、帝と中納言に愛され、二人の間にはさまって苦しんだ末、尼になる。寝覚めがちな夜はいつしか明け、朝霞の中にほのぼのと白い花が浮かぶ。これは、そういう場面の桜を描いたもので、彼女の運命のようにも見え、彼女自身のようにも見える。

ほぼ同じ頃造られた四天王寺の扇面写経にも、似たような桜が現われる。ただし、この下絵は墨の版画で、その上に金銀の砂子と箔をまき、濃艶な彩色をほどこした上に、更に経文をのせている。同じく四天王寺の懸守は、古来、聖徳太子の遺品として有名なものだった。が、実際には、平安時代の製作で、女性が外出の際、頸にかけた守袋であるという。全部で七つ程あるが、特に桜の透彫は美しく、硬い金工と、柔かい織物が、しっくりとけ合っているのは、前者と同じく心にくい趣好である。

少し時代が下って、天狗草紙（十三世紀）になると、桜も多少写実的になり、散る花

「寝覚物語絵巻」(大和文華館蔵)

の風情に目がそそがれる。この絵巻は、僧侶達が驕慢の為に、天狗に変身する物語で、醍醐寺の桜会《さくらえ》の部分だが、舞楽を舞う稚児達は、桜の精のように妖しく、美しい。のびのびした筆致と、いく分頽廃的ななまめかしさが、この満開の桜の魅力といえよう。

大和絵に咲いた花は、やがて合戦の巷《ちまた》をいろどる。

ささ波や志賀の都は荒れにしを
むかしながらの山ざくらかな

薩摩の守忠度は、この歌を遺して、都を落ち、一の谷の合戦に華々しく散って行った。この歌の美しさは、そのまま小桜威《おどし》の姿であり、桜の鞍の優雅である。日本に桜は少なくなっても、私達は美術品の上に、花も実もある武将を懐い、「昔ながらの山ざくら」を見ることが出来る。それはやはり平安朝の調和の上に開いた花であった。

だが、実用と美を兼ねたのは、武具だけではない。日常の生活用品を日本人ほど花で飾ったものはないだろう。たとえば「花の白河」と呼ばれる硯箱は、新古今集、飛鳥井雅経の歌、「なれなれて見しは名残の春ぞともなど白河の花の下かげ」を主題にしているが、殊に内側は美事で、表のはでさと対照的に、あっさり花を散らしてあり、ここにも陰と陽、静と動の調和が見られる。

大和絵も風俗画の一種には違いないが、人間を主にしたほんとうの意味での風俗画が現われるのは、室町末期からで、月次《つきなみ》風俗図、花下遊楽図、洛中洛外図などが盛んに造られた。その中で、桜は春の象徴として、欠くことの出来ない背景であったが、なんといっても、それに拍車をかけたのは、万事はで好みの秀吉であったろう。ぱっと咲いて散って行った秀吉の一生は、桜の花に似なくもないが、事実彼は稀代の桜好きであったらしい。吉野の花見、醍醐の花見など、永遠の語り草となっている。

吉野の花見は、文禄三年に行なわれた。朝鮮の役が失敗に終り、国中が意気消沈していた頃で、政策と趣味を兼ねていた。花見といっても、ふつうのお花見ではない、天下の武将五千人を従えるといった豪華な行事であった。ここでも桜と人物は混然ととけ合い、むしろ花の方が大きく描かれている。

醍醐の花見は、それから四年後の慶長三年のことで、その後いくばくもなくして秀吉は死んだ。今、吉野や醍醐が桜の名所になっているのも、彼に負う所が大きいのである。

私はこの湯女《ゆな》の絵が好きである（写真省略。「MOA美術館を見て」参照）。特に大勢立っている女達の中でも、まん中にいて、半ば放心的に空を見あげているこの湯女が好きだった。が、桜のきものを着ているとは、今まで気がつかなかった。未だ友禅は出来ない頃だから、たぶん辻が花か、手描きの小袖であろう。たっぷりした桜の花が、身体全体に咲きこぼれ、濃艶な色香をまき散らしている。このような小袖が残っていないか、探してみたが見つからない。かわりに、この湯女図を御紹介しておく。

桃山から徳川期にかけて、縫箔や唐織にも、桜の文様が使われている。お能には桜をうたった曲が多いので、能衣装にはたくさん作られた。時代が下ると、ふつうのきものにも盛んに用いられ、友禅にも、琉球の紅型《びんがた》にも、美しいものが残っているが、紙面の都合でのせられないのは残念である。桜が庶民の生活の一部となり、精神的にも肉体的にも、「日本の花」となったのは、徳川時代、元禄前後のことではないだろうか。

鎌倉の明月院に伝わる所から、「明月椀」と呼ぶ塗りものがある。織田有楽斎《うらくさい》の好みによって創作されたといい、瀟洒《しょうしゃ》でしかも重厚な椀である。桜の文様を知る上に、忘れてならない名品であろう。

もう一つ、忘れてならないものに、智積院《ちじゃくいん》の桜がある。秀吉が愛児棄丸の菩提を弔うため、一寺を建立し、絢爛たる襖絵で飾った。秀吉の死後、家康が智積院にうつしたが、金と白の画面一杯に咲き乱れる花は、桃山文化の象徴であり、桜を愛した英雄の形見でもある。

桜が好きな日本人が、お手の物の陶器にもとり上げない筈はない。有名なものに、国宝の仁清《にんせい》の壺や鍋島の皿があるが、ここに掲げた古九谷（もしかすると古伊万里かも知れない）の豊かな桜、古伊万里（もしかすると鍋島かも知れない）の繊細な花びら、古染付のしっかりした花弁など、それらのものに優るとも劣らない（編集部注・写真省略）。「桜川」の銘ある水指は、水を入れるとその名のとおり、花が浮いて、流れるように見える。裏側は浪の図で、古染は明《みん》の陶器だが、中国臭はなく、あきらかに日本の数寄者の注文によって作られたことがわかる。

奈良市高市郡明日香村の索午子《けんごし》塚古墳から発掘された金具は、日本最古の七宝である。この時代には、未だ桜の文様はないので、六弁でもあり、はたして桜かどうかわからないが、どう見てもそう見えるし、そう見たいのでそうとることにした。間違っていたらお許しを乞う。

七宝は、その後、絶えず作られたが、桜の文様は、桃山時代にならないとそんなに多く現われない。例の秀吉の好みであろう。また厚咲の桜と、七宝や鍍金《ときん》の持つ味合いは、よく似合った。寝覚物語の桜も美しいが、重々しい桜も捨てがたい。そういう二面を持つのが、日本の桜の、ひいては日本の美術の特長かも知れない。

（『太陽』一九六八年四月号）

雪月花

乾山の梅

光琳・乾山と並び称されるが、どちらかと云えば私は、乾山の方に親しみを感じる。人も知るように、この天才的な兄弟は、京都の裕福な呉服商の家に生れ、かつては光悦や宗達とも親交があった。そこに琳派と名づける独特な画風が生れたが、宗達の気品と自由闊達な精神は、光琳よりむしろ乾山に受けつがれたような気がする。紙に描いた絵にも傑作が少くないけれども、彼の本領は陶画にあり、絵を生かす為にどういう生地が適しているか、徹底的に追求した感がある。それはやはり家業の染めものから生れた伝統であろう。美しい染めものは、いい織物の生地を必要とする。比較的やわらかい陶土を選んだのも、絵具がよくしみこみ、時にはにじんだりかすれたり、この梅の茶碗に見られるような豊かな味わいが出せるからである（写真省略。以下同）。形と質と色、それから讃や署名をふくめての線が、これ程美しくとけ合っている例を私は知らない。そういう意味では、乾山の芸術は、陶器というよりはるかに綜合的な、一種の立体画と呼ぶべきであろう。

辻ヶ花染

辻ヶ花というのは、室町時代から徳川初期へかけて流行した、しぼりと描絵と、稀には縫いをあしらった染めもので、しぼりが主体になっており、縫いなど入ったのは時代が下る。糊が発明されて、友禅が出来上るまでの原始的な手法で、いってみれば不自由が生んだ美しいきものである。大まかな文様と、鮮やかな色彩は、どれを見ても美事だが、特にこのきものは、目を見はる程新鮮だ。島根県の清水寺《せいすいじ》という、小さな寺の所蔵で、徳川家康から拝領したという記録があり、最近発見されて重文に指定されるまでは、お祭りの時に使用していたという。どんなお祭りか、興味があるが、村人達に大切に使われたから、このようなきものも残ったのであろう。使う、ということは、一方では傷むかも知れないが、ものに生命を与えることである。

この文様は、丁字文《ちょうじ》といい、私は寡聞にして丁字なるものを知らないが、薬や染料に使われた植物で、大胆に文様化している所が面白い。香りも高い花と聞くからおめでたい意味で用いたのであろう。

辻ヶ花の語原については、まったく不明である。が、名古屋の近くに辻ヶ花の地名があり、あの辺はしぼりが盛んな所だから、もしかすると、それと関係があるのかも知れない。何にしろ、辻ヶ花という名前は懐しく、桃山時代を象徴する豊かな芸術作品といえよう。

秀衡椀

俗に「秀衡椀《ひでひらわん》」と呼ばれる食器である。室町時代頃から、主として東北地方で造られ、特に中尊寺のあたりに残っている。「秀衡」と名づけたのは、たぶんそこから出た名称であるとともに、大ぶりな形と、華やかな色彩が、藤原三代の文化を連想させたのではないだろうか。

先日、三越の上杉謙信展でも、これと同じ形の、黒と金一色の椀を見た。いかにも武将の料にふさわしい、胸のすくような作で、この種のものは、東北といわず、北陸でも近畿でも盛んに使われていたらしい。いわゆる民芸の部類に属するが、民芸の域を超えており、上手《じょうて》の蒔絵と比べても少しも見劣りしない。大胆な雲形のふちどり、そこにあしらった金箔の味わい、鮮やかな朱と屈託のない筆使いは、私の好みからいうと、巧緻な蒔絵や砂子よりはるかに美しい。

これは三ッ椀といって、三重かさねになっているが、四ッ椀、五ッ椀、稀に六ッ椀というのもある。御飯と汁と菜で、三つあれば充分用が足り、済んだ後は重ねておけばいい。はじめは、僧坊とか戦場から生れた実用的な食器だったろう。ここに掲げたのは、桃山時代か、徳川初期にかかるかも知れないが、ふつうの民家で、このような器を用いたことを思うと、「昭和元禄」の繁栄も、あまり自慢にはなるまい。文化は日々の生活の中から生れる。美しいものに毎日ふれていれば、志操もおのずから堅固になり、立居振舞も正されるであろう。真の繁栄がおとずれるのは、それから先の話である。

桜の水滴

七宝《しっぽう》は、古墳時代から日本で造られていた。正倉院にあるものは有名だが、平安時代以後、あまり見られなくなるのは、一時衰微したのかも知れない。それが桃山時代に至ると、突如復活する。重厚な造りと、深い味わいが、当時の人々に好まれたのであろう。平田道仁《どうにん》という七宝焼の名人も生れた。桂離宮の釘かくしや引手に、私達は七宝の粋を見る思いがするが、それでも一般的にいって地味なもので、青みがかった緑を主調にし、はでな色彩や複雑な文様が現れるのは、徳川期に入ってからのことである。

この水滴も、そういう意味で、間違いなく桃山時代の作であるが、実をいうと、中身だけが水滴で、外側のふちの部分は硯箱へ入れるための**おとし**である。そのつもりで見て頂きたい。私は字が下手なくせに、筆で書くのが好きで、——というより、こういう物が好きなので、筆を使うようになったのかも知れないが、水滴から硯に水をそそぎ、ゆっくり墨をする間の、あの落ちついた気分は何ともいえない。生活が忙しく、その上私がせっかちときているから、よけいそういう時間を必要とするのだろう。写真にそえた筆は、中国の明の染めつけで、持った時の重さとバランスが気持いいので、常時愛用している。この筆や水滴に似合った硯箱がないのが残念だが、骨董は、待っていれば、必ずいつかは手に入るものである。待つ間のたのしみ、——それは墨をすっている間の静かな期待に似なくもない。

花橘の櫛

象牙を紅で染め橘の枝をすかし彫にしてある。こういう手法は、正倉院の御物《ぎょぶつ》（たとえば物差し）などにも見うけられ、ずい分古くから行われたらしいが、今は失われているという。

写真で大写しにすると、いく分厚ぼったく見えるが、実際には非常にうす手な、軽い櫛で、女性がまだ大きな髷に結う以前、前髪だけとって、下げ髪にしていた頃、時代でいえば、桃山初期あたりに作られたものだろう。肉筆浮世絵の、たおやかな美女がさすのにふさわしい。

五月待つ花たちばなの香をかげば昔の人の袖の香ぞする　（古今集）

この古雅な歌の姿を、そのまま浮き彫にしたような感じがある。これはたぶん男がよんだ歌で、どこからともなく匂って来るたちばなの香りに、ふと、昔の恋人を思い出したという程の意味だが、匂いというものには(或いは嗅覚というものには)、不思議に過去を甦らせる力があり、花の中でももっとも高い香りを持つたちばなが、生命の復活と

象牙紅染花橘すかし彫櫛

か、再生を意味したに違いないことは、

たちばなは実さへ花さへその葉さへ枝に霜ふれどいや常葉《とこは》の木（万葉集）

という聖武天皇の御製からも想像される。伝説によると、垂仁天皇が田道間守《たじまもり》に命じて、常世の国から取りよせたことになっているが、前にあげた詠人《よみびと》知らずの歌も、作者不明のこの櫛も、そういう伝統の土壌の上に咲いた、美しい日本の花なのである。

胡蝶の縫箔

梅若六郎家に所蔵される能装束で、徳川秀忠から拝領したと伝えられている（写真省略。以下同）。縫箔というのは、銀、時には金箔で型を押した上に、縫いをほどこしたもののことをいうが、これは全体をびっしり銀でつぶし、蝶と薄《すすき》の文様を縫いで現した豪華な衣装で、いかにも将軍家拝領というにふさわしい。が、それはただ豪華絢爛というだけでなく、はでな中に何ともいえぬしぶさがある。単に時代が与えた効果だけではなく、いや、時代とか時間がもたらす恵みというものを、はじめから信じて作ったものに相違ない。

たぶん、中国伝来の上等な緞子《どんす》であろう。すき通った藍色の、薄手な、光沢のある生地で、雲形のような文様が織り出してあり、その上を構わず銀でつぶした為、所々すれたりやけたりして、えもいわれぬ味わいになっている。縫いも、この時代（慶長）のものはおおらかで、それが宗達風の文様とよく調和し、工芸美術というより、みごとな綜合芸術に昇華されているといえよう。

縫箔は、ふつう下着に使われるが、こういう特殊なものは、「羽衣」の天人とか、「蟬丸」のお姫様など、上着をぬいだ姿の場合に用いる。これをモギドウ（裳着胴か）というが、それにしても、下着であることに変りはなく、そんな風に、あまり目につかない所に心を用いるのが、日本の床しい伝統である。

紅志野

鼠志野が窯変《ようへん》して、あかね色に仕上ったものを紅志野という。窯変というのは、読んで字の如しで、窯の中で火加減とか、釉《うわぐすり》の工合、その他もろもろの条件が重なり合って出来る一種の変り種である。だからこの香炉も、全体が美しいあかね色であるのに、所々ねずみの痕跡も止《とど》めており、それが面白い効果をあげている。こういうものを見ていると、焼きものはほんとうに、自然と人工、或いは神様と人間の合作に他ならないと思う。表に薄、裏に水草をあしらい、色合いといい、文様といい、志野の中での逸品といえよう。

これは私が生れてはじめて買った焼きもので、私にとっては思い出の深い品である。

が、今は私の所蔵ではない。手放した理由は色々あるが、もっぱらお金がほしかったからである。骨董は、買ってみなくてはわからないという。が、売ってみると、もっとよくわかる。この紅志野への愛着から放れるのに、私は十年以上もかかった。

かつて所持した人達も、同じような思いをしたに違いない。その一人に陶器の鑑賞家として有名な青山二郎さんがいるが、包んである布に、彼の筆で、「これを持つものに呪いあれ」と書いてある。茶人ではないものに、香炉は不必要なので、青山さんは筆さしにして、しじゅうかたわらに置いて使っていた。私もそうしていた。呪われたかどうか知らないが、こんな美しいものに出合った為に、今もって私は、骨董界という魔道におち入って、呻吟をつづけている。

松の下露

小さな松葉に、大きな露を配した、涼しげな文様である。極くふつうの瀬戸の飯茶碗で、今まであげたものの中でも、もっとも庶民的な雑器であるが、その意匠の卓抜さは、たとえば乾山などにも匹敵するであろう。というより、乾山はまさしくこういう所を狙ったに違いない。自由で、屈託のない筆づかい、松葉の一つ一つにこもる勢いは、何万となく陶画を手がけた職人の、馴れと自信を感じさせる。

美しいものに値段はない。たとえ国宝でも、貰っても困るものがあるし、安くても二つとない逸品もある。無数にある日用品の中から、そういうものを見つける程たのしみなことはないが、私の経験では、むしろその方がむつかしい。掘出し物をいうのではない、同じようなものが沢山あって、区別がつきにくいのと、高価なものは、お金さえあれば手に入るが、安物の場合は、自分の眼だけが頼りだからである。

値段がないと同様、美しいものには時代もない。これなど徳川中期か末期か、私は知らないが、よほど人に使われたのであろう、底からにじみ出るような味わいがあり、程よい手ずれの跡もある。

日本の美術品は、使うことの中から生れた。そういう意味では、非常に人間的存在で、手に持ったり、口につけたり、洗ったり拭いたりする中に、お互いの間に愛情が芽生える。「味」とは、人間がつけた友情の刻印であり、物いわぬ美術品が、応えてくれたしるしである。

武蔵野

行く末は空もひとつの武蔵野に　草の原より出づる月影　（新古今）
むさし野は月に入るべき嶺もなし　尾花が末にかかるしら雲　（続古今）
出づるにも入るにも同じむさし野の　尾花を分くる秋の夜の月　（玉　葉）

山にかこまれた京都の人々にとって、尾花をわけて出で入るむさし野の月は、古くから憧憬の的であった。それは縹渺《ひょうびょう》とした旅情と、秋の寂しさを思わせる風景で、ついには「歌枕」と化し、実際に見た人も見ぬ人も、月といえばむさし野を想い、「むさし野」といえば月を意味するようになった。それらの歌を元に描いたのが、光悦・宗達によって創始されたいわゆる「琳派」の人々である。

この屏風の作者はわからないが、全体に金の砂子をまき散らし、上半分を金箔の雲で仕切り、下の方は一面薄の原で、可憐な秋草がまじる。その中から、今、大きな銀の月が出た。実に大胆で、しかも繊細な構図である。

外国人が見ても、ひと目でそれが月とわかり、美しいと讃嘆するであろう。が、私たちにとって、それは単なる月の出ではなく、秋の夜の風景でもない。業平が眺め、宗達が愛でた「むさし野」の月なのだ。月世界へ旅行する今日になっても、このことに変りはない。月の歴史はいってみれば此方側にあり、それは月そのものの生い立ちとか、月を征服した事実とは、何のかかわりもない感情なのである。

紅葉の賀

「紅葉の賀」とは私が勝手に名づけただけで、この硯箱の銘ではない。が、もし銘があったら、きっとそんな名前で呼んだと思われるような、絢爛豪華な蒔絵である。

一面に紅葉を散らした上を、菱形で仕切り、菊・桐の紋章を置いている。この種の漆器を「高台寺蒔絵」というが、それは秀吉の死後、北政所が東山の高台寺に住み、伏見城の遺構を移しただけでなく、日常用いた調度のたぐいを、同時に寺へおさめたからである。その為高台寺は、桃山蒔絵の陳列場の観を呈しているが、秀吉夫妻を祭った厨子の扉には、幸阿弥《こうあみ》の銘があり、その一派の作者達によって造られたことがわかる。

この硯箱の出所は不明だが、いずれ伏見城か高台寺で使われたものとみて間違いはない。もしかすると、秀吉遺愛の品でもあろうか。北政所や淀君へ与えた文のいくつかが、この硯で書かれたかも知れないと想像することはたのしい。

蒔絵の技術が頂点に達したのはその頃で、それには秀吉の好みも反映したであろう。だが、完成ということは、既に頽廃のはじまりである。高台寺蒔絵にも、その兆候は現れており、型にはまった画一化が見られなくもないが、この紅葉の文様には、未だ技巧に堕さないうぶさがあり、こういうものを使用した秀吉夫妻の豊かな生活がしのばれる。

遠山袈裟

大胆な構図と、あざやかな色彩が、粗い布地の上に浮き出して、アプリケのような効果をあげている織物である。文様は、簡単なほどこなすのがむつかしいが、関西へ行くと、これとそっくりな山があり、実に自然をよく見て、消化していると思う。

遠山《とおやま》の文様は、古くは袈裟だけに用いられ、きものに使ったのは桃山以後のことである。それには長い伝統があった。正倉院には、「糞掃衣《ふんぞうえ》」といって、ボロをつづったさし子があるが、これは印度の僧衣で、天平のはじめ頃、中国を経て日本に渡った。ボロといっても、大そう手のこんだ美しいさし子で、器用な日本人は、早速それを真似て「織成《しょくせい》」という織物を発明した。さすより織る方が簡単で、早いからだが、様々な色糸を使って、むらむらと織り出した文様は、未だ文様とはいえないものの霞のように美しい。その霞が、次第に形をなして、雲と化し、山に変じていった。鎌倉時代の絵巻物には、もうはっきりと「遠山袈裟」をつけた坊さんが現れるが、一つの文様の変遷も、そういう風に辿ってみると面白い。日本人の性格と、文化が発達した過程がよくわかる。ここに掲げた袈裟にも、さし子がほどこされているが、任意にしたものではなく、印度のお手本の記憶を、かすかに伝えているのである。

鷺の群れ

黒い地に、銀と金で、鷺を描いた蒔絵の化粧箱である。ピンとはった足のするどさ、一杯にひろげた羽のたくましさなど、精悍な鳥の生態をよくとらえている。時代は永正・大永の頃（十六世紀初頭）、おそくとも天文を降るまい。新興気鋭の武士たちが台頭した時で、美術工芸にもそういう時代の精神が現れているのは面白い。

写真ではよくわからないが、全体で六、七匹の鷺の群れがおり、それが小さな空間に、たっぷりと描かれているのは、抜群の意匠だと思う。中には、真正面から睨みつけている凄い奴もいて、一つ一つが自由で颯爽とした姿をしている。お重のように重なった化粧箱であるが、上の蓋には楕円形の穴があいていて、そこは元結を入れる為であるという。化粧箱というからには、女性が使ったものに違いないが、あの頃の女性には、やさしい図柄より、このようなものが似合ったし、好んだでもあろう。

蒔絵も桃山時代の最盛期に至ると、装飾が勝ち（時には過剰になり）、はでに盛上がったものが多くなって行くが、ここに見られるような生き生きした迫力は失われてしまう。たとえ宗達といえども、このような気魄と、潑剌さに欠ける。室町末、桃山初期の中間に、すい星の如く現れて消えた戦国の武将たち。この鷺の群れをみつめていると、彼等の魂が甦って来るような感じがする。

（『婦人之友』一九六九年一月号〜十二月号）

つらつら椿

河の上のつらつら椿つらつらに
見れども飽《あ》かず巨勢《こせ》の春野は

巨勢山のつらつら椿つらつらに
見つつ偲ばな巨勢の春野を

二首とも「万葉」の有名な歌である。最初のは、春日蔵首老《かすがのくらびとおゆ》、二つ目は坂門人足《さかとのひとたり》の作で、大宝元年（七〇一）九月、文武《もんむ》天皇のお供をして、紀州へ旅した時よんだと詞書《ことばがき》にある。本歌取りということが、万葉の頃既に行なわれたかどうか、私は知らないが、大変よく似たこの民謡調の歌は、彼等の創作ではなく、古くから民衆の間に謳《うた》われた古歌に原型があるのではないだろうか。

「つらつら」については、つるつるした葉の形容とか、それは「列々」で、椿の木が並んでいる様であるとか、花がむらがり咲く風景とか、色々説があるらしいが、この歌を口ずさんでいると、椿の樹間をめぐりながら、花をかざして遊んだ古代人の群舞いが目に見えるような気がする。

巨勢は、吉野口の駅の近くに、今は小さな村名として遺っているが、西に葛城、東北に三輪、南には吉野をひかえて飛鳥も近く、景色の非常にいい所である。私はこのあたりが好きで、よく歩きに行くが、残念なことに椿の盛りに出会ったことはない。でも気をつけてみると、神社や街道のそこここに椿の木が昔の名残を留めており、野川には、椿の渡し、三輪の近くには海柘榴市《つばいち》、海柘榴市観音などもあって、大和は古くから椿の名所であった。万葉には、この他にもいくつか椿が詠まれているが、その一つ、大伴家持の歌、

奥山の八峰《やつを》の椿つばらかに
今日は暮さね丈夫《ますらを》のとも

これは越中の国で詠んだもので、大和の椿ではないが、家持には故郷で見馴れた花ゆえに、殊更なつかしく感じられたのであろう。「つらつら」といい、「つばらか」といい、愛したというより何かめでたい花として、信仰した気配が感じられる。それには長い歴

史があった。椿がはじめて史上に現れるのは、景行《けいこう》天皇の時代である。

景行十二年の秋、九州に土蜘蛛を攻めた時、天皇は「海石榴樹《つばきのき》を採りて、椎《つち》に作り兵《つはもの》にしたまふ」と、「日本書紀」は記しており、その椎をもって、「山を穿《うが》ち草を排《はら》ひて」賊共を滅ぼしたという。実用的な兵器というより、呪術的な力を持つ霊木として尊ばれていたのだろう。ちょっと余談になるが、中国には椿と名づける植物はない。いや、あるにはあるが、竜とか鳳凰と同様、架空の木で、植物のつばきは山茶と書く。これが日本では、さざんかなのだから、話はややこしい。外国語が間違って使われるのは、今はじまったことではないのである。なお中国では、山茶の他に、昔は海柘榴の字を当てたと聞くが、これは椿がざくろに似ているところから、海の向こうから渡来した柘榴の意で、大和の海柘榴市や、「書紀」の文章は中国伝来の正しい文字を用いたということになる。

だが、知らずに間違えたわけではないだろう。古くから行なわれた自然信仰と、長寿を保つ霊木を、意識的に一致させたに違いない。「つらつら椿」とか、「つばらか」な椿には、そういう呪術的な言霊《ことだま》が秘められていた。実際にも、椿は大変丈夫な木で、花も葉も美しく、その上油もとれ、ただささえ樹木を神聖視した人々にとって、信仰の対象となるのは当然であった。

つぎねふや　山代河《やましろがは》を　河上り　我が上れば　河の辺に　生ひ立てる　烏草樹《さしぶ》を
烏草樹の木　其が下に　生ひ立てる　葉広　五百箇《ゆつ》真椿《まつばき》　其が花の　照り坐《いま》し　其が葉の　広り坐すは　大君ろかも

これは仁徳天皇の皇后、石之《いわの》日売命《ひめのみこと》の歌であるが、「雄略記」にも、やはり皇后が作った殆ど同じ主旨の歌がある。椿は天皇を祝福するおめでたい木であるとともに、力強い魂を身につける鎮魂の具であったのだ。二月堂のお水取りや、薬師寺の花祭りで、椿の造花を飾るのも、春を招く吉祥の花として、いわば復活の象徴と見られたのであろう。後世に至っても、きものや調度に好んで用いられ、松竹梅の梅のかわりに、椿をつけたのも沢山あり、首が落ちるために、不吉な花とされたのは、ずっと後世の徳川末期のことだった。

つばきの語源については、よくわかっていない。つやのあるはのき、或いは、あつばき（厚葉木）、また枝を切ると白い泡をふくところから、唾木《つばき》であろうともいわれ、これは唾には霊力があると信じられていたからである。が、もしかすると、それは先に書いた家持の、つばらかなきの意味だったかも知れない（つばらかとは、つまびらかなことで、みっしり花のついた、こまやかな風情をいう）。何れにしても、おめでたい木であったことは確かで、椿を神木として祀っている神社仏閣も少なくない。有名な出雲《いずも》八重垣神社の「連理《れんり》の椿」をはじめとし、椿神社とか椿明神とか椿寺とか、枚挙にいとまもない。地名も全国に亘《わた》って八十近くあるそうで、桜と並んで椿ほど、日本人に愛された木はないのである。南は九州の果てから、北は青森まで、それも面白いことに、はっきり線を引いたように、暖流に沿って分布されているという。このことは、はじめ椿が黒潮に乗って、南の国から流れついたことを語っており、九州や伊豆に多いのも、そのためだろうが、順応性にとんでいるらしく、次第に変質して、雪国には「雪椿」のような品種も生まれた。私は椿の種類がいくつあるか知らないが、一説には三千以上ともいわれている。

殊に戦後は世界的なブームで、椿が好きな人達を私は何人か知っているが、その大半は殆ど常軌を逸している。色々な方面に、そういう「フェティ」がいることは、極めて日本的な現象で、私は面白くも頼もしくも思っているが、たとえ意識しなくても、そこには今いったような長い椿の伝統があるからだ。

それは平安・鎌倉を通じて、形を変えて生きつづけた。古い物語などには、「卯杖《うづえ》の行事」というものが出て来るが、これは正月卯の日に、椿で作った杖で邪気を払った(はじめは中国の習慣だったらしいが)ので、景行天皇の故事に学んだことは疑えない。襲《かさね》の衣《きぬ》に「椿」と名づける色目《いろめ》もあった。表蘇芳《すおう》、裏紅《べに》の華やかな色彩で、冬の季節に用いたという。むろん織りものにも使われた。そういうものを身体につけることにより、身の健康を祈ったのである。

室町時代に現れた若狭の八百比丘尼《はっぴゃくびくに》——これは人魚を食べたために、八百年も生きつづけ、罪業消滅のために、諸国を遍歴したという日本の「さまよえるオランダ人」の伝説だが、折口信夫氏によると、彼女もまた椿の枝を持って歩くと伝えられ、大和や熊野の神人にも、似たような風習があったと聞く。山伏の笈《おい》に椿の文様が多いのも、この比丘尼とか神人などの伝承が、山岳信仰と結びついたためだろう。先日テレビを見ていたら、吉野川上村の自天王（南朝最後の皇子）の祭りでは、自天王の所在を人に語らないために、椿の葉を口にくわえ、その習慣が今も守られているという。

が、そういう信仰を離れて、民衆の生活の中に、椿が根を下ろしたのは桃山以降のことだろう。きものに、絵画に、陶磁器に、しきりに椿の文様が描かれた。殊に辻ヶ花染めには多く、その他、能装束、漆絵、蒔絵《まきえ》などにも用いられ、永徳、山楽、光琳、乾山なども、椿を好んで描いている。秀吉も好きだったらしく、京都の椿寺の有名な「五色椿」は、加藤清正が朝鮮から持って帰って献上したと伝えられ、その他にも、茶道と関連して、桃山時代に作られた品種は多い。鹿《しし》ヶ谷《たに》の法然院にも、その子孫かと思われる古木があり、毎年春になると、仏壇の前に、二十五菩薩の来迎になぞらえて、落ち椿の花が並べられる。黒光りの板の上に、花の影が映って、水に浮かんだように見える美しい習慣である。

椿寺の椿の花は散りてこそ　　子規

落ちざまに水こぼしけり落椿　　芭蕉

徳川時代になると、椿づくりは一そう盛んになる。将軍がそれを奨励したからで、諸国の大名も、きそって椿に熱をあげた。現在「肥後椿」として持て囃されるものは、細川家がつくらせた品種で、松坂の藤堂家でも、「伊勢椿」を栽培した。が、時代とともに、おめでたい花も、いつしか権力の象徴と化し、一般庶民にはかたく禁じたもののようである。首が落ちる不吉な花とされたのは、してみると、彼等のはかない抵抗であったのか。椿のためには、思いもかけぬ濡れ衣といえよう。椿は、何も首から落ちる花ばかりとはかぎらない。周知のとおり、「散り椿」といって、桜のように一ひらずつ散る種類も多いのである。

そのようにして、洗練を重ねた椿づくりは、いよいよ隆盛を極め、近頃は毎年のように新種も出来て、「全学連」と称する狂い咲きさえ生まれた。五色の八重や、珍しい新種も捨てがたいが、私の好みからいえば、やはり、「つらつら椿」の古《いにしえ》から、人に愛された自然の花にまさるものはない。田舎家の垣根にこぼれ咲く椿、紅《くれない》の落花を踏んで辿る山道、どこにでも見られる風景だが、また日本でしか味わえぬ深い情趣がある。これこそ「記紀」にうたわれたゆつまつばき、万葉歌人が称えてやまなかった「見れども飽かぬ」花の姿であろう。

（『太陽』一九六九年四月号）

椿の意匠

まっ先に思い浮かぶのは、熊野阿須賀《あすか》神社の蒔絵手箱である。御神宝で、御櫛笥《みくしげ》ともいい、中に鏡や白粉《おしろい》箱、櫛や鑷《けぬき》など、お化粧に必要な一切の道具が入っている。室町時代の貴族の女性の生活が想いやられ、興味深く見た。

椿は、松の葉との組み合わせで、蓋の表裏にも側面にも、梨子地《なしじ》粉を蒔いた地に、こぼれんばかりに表されている。

阿須賀神社は、熊野速玉《はやたま》神社の摂社の一つで、本社のほうに、これと同じような手箱がまだいくつも遺っている。

明徳元年（一三九〇）に奉納されたようだが、寄進者の名前はわからない。が、本社のほうのは、足利義満の寄進で、これもその中の一部だったに違いない。華麗で豪華な反面、足利初期の素朴な味わいも遺していて、それが椿の文様とよく調和している。

速玉神社には、やはり御神宝の、椿文様の御衣がある。

熊野は椿の名所でもあり、椿自体、信仰上の霊木でもあったから、椿を表したものが多く遺るのであろう。

御神宝とは、いうまでもなく神様がお使いになるもので、熊野にいます女神のための御料《ごりよう》だが、このようなものを献上して、あくまでも人間扱いにしている点が、また面白い。

椿文様は、室町から桃山時代へかけて、急に開花する。絵画にも、染織にも、それは自由に文様化された。特に鎌倉彫りの笈には多く見うけられるが、これは山伏が使ったものだから、まだ信仰のにおいが立ちこめている。

きものとなると、はるかに奔放だ。辻ヶ花は桃山時代にはやった染めもので、絞りを主体とするため、この大ぶりな花が好まれたのか、椿の文様がたくさん現れる。

なかでも、京都瑞泉寺《ずいせんじ》に遺る「裂《きれ》」は、哀れな物語をともなっている。文禄四年（一五九五）七月、関白秀次は、秀吉に自刃《じじん》させられたが、五人の子供のほか、その妻妾も一人残らず三条河原で処刑された。その数三十四人。数年後、角倉了以《すみのくらりようい》らの力で供養のための寺（瑞泉寺）が高瀬川の東に建てられ、彼らが遺した衣装も、のちに文書《もんじょ》の表具などに仕立てられた。その一つが辻ヶ花だが、ほかにもたくさんあり、それらの総称を「瑞泉寺裂」と呼ぶのである。

華やかな衣装の裏に、つきせぬ恨みがこもっていることを想うと、私たちは涙なしにこの美しいきものを眺めることはできない。

椿の文様は、徳川時代にもひきつづいて流行した。なかでも乾山は椿を好み、さまざまな角度からとらえたが、彼の陶画の本質には、辻ヶ花の味と非常によく似たものがあるように思う。

九谷に代表される加賀の焼きものにも多い。北陸では「雪椿」が盛んに作られ、前田家も奨励したから、椿文様がたくさん使われたのも当然だ。それはまた、茶道とも深い関係にあることを忘れてはならない。茶室には、この花を欠くことはできないが、それと関連して、陶器ばかりでなく、椿を彫った釜、椿を描いたなつめなども現れる。けれども、それは貴族や茶人にかぎるわけではなかった。民間で使われた雑器にも、椿はしばしば顔を出す。日頃見なれた花ではあり、菊や桐より親しめたからだろう。伊万里の食器やそば猪口《ちょこ》、小さな椿皿や大ぶりな片口など、私の周囲にも生活のにおいに満ちたものがあり、それらは、乾山や九谷とはまた別な美しさを感じさせる。

椿の文様といって、胸のすくような意匠に出会ったことがある。松山市の東雲《しののめ》神社に遺る能衣装で、一面に椿唐草を織り出し、それをのしめ風にはいであった。実際には、はいでなく、はいだように織っているのだが、なんとも美しい。それも、ところどころでバランスをはずし、裾も、途中で切っているのは心憎い。傷んだために、そういう結果になったのかも知れないが、元がしっかりしていなければ、怪我の功名も、功名にはなるまい。赤、白、緑の鮮やかな色彩も、それだけで椿の花を想わせる。舞台の上では、さぞかし映えることだろう。

（『太陽』一九六九年四月号）

樟

樟は一字でクスノキと訓む。ふつうは楠と書くことが多いが、『牧野植物図鑑』によると、それは誤りで、「真品ハ日本ニ産セズ」と断っている。比較的南側の、暖地に自生しているので、そのような誤用が生じたのであろう。

語源は「奇《くす》しき」に出ており、全体に芳香があって、樟脳を採ったり、薬に用いたところから、霊木として古くから尊ばれていた。日本書紀の神代紀には、樟で造った舟のことが記してあり、今でも縄文遺跡などから、樟の丸木舟が発掘されることは珍しくない。

樟脳をふくんでいるせいか、虫や公害に強い木で、大木がたくさん残っているのをみても、「奇しき」霊木には違いない。たとえば京都の新熊野《いまくまの》神社にある樟は、後白河法皇の時代に、紀州の熊野神社から移植したと伝え、国道1号線の雑踏と塵埃のただ中にあって、八百年の緑をたたえて健やかにそびえている。同じく京都の青蓮院《しょうれんいん》の白壁を背景に、枝をはっている樟も美しい。

が、何といっても人目を驚かすのは、伊勢から熊野へかけて点在する巨木であろう。ほとんどの神社仏閣に、注連縄《しめなわ》をはって祀られているが、そのような樟に接するとき、私は歴史の重みを感じずにはいられない。それらの古木は、神武天皇の東征も、伊勢神宮の発生も、上皇たちの熊野御幸も、源平の動乱も、黙って見つづけて来たにちがいない。その偉大な沈黙の姿には、人間を圧倒するものがあり、私を戦慄させずにはおかない。

天をついてそびえる大木も見事だが、地にうずくまっている樟にも心をひかれる。写真にあげたのは、奈良の春日若宮神社の神木であるが、私はつい最近まで知らなかった。友人の永瀬嘉平氏に教えて貰ったのである。永瀬さんは、毎日新聞社の編集者で、写真家をかねているが、はじめは滝を撮影していた。その仕事が一段落した後は、大木ばかり写しており、彼の写真を見て、若宮神社の樟に私は感動したのであった。

春日神社の一の鳥居から、参道を春日山へ向って行くと、本殿につき当る。そこから道は右に折れるが、このあたりには春日灯籠が無数に立っていて、目をたのしませてくれる。やがて左手の上方に若宮の社殿が現れるが、神木の樟はその少し手前の右側に立っている。私が今まで気がつかなかったのは、参道の側から見ると、樹齢は古くてもふつうの樟で、春日山の中では、さして目立つ木ではなかったからである。が、裏へ廻ってみて驚いた。そこにはるいるいと盛り上った太い根が、まるで苔むした化石のようになって、大地にはびこっていたのである。そういえば、先に記した植物図鑑にも、樟は「ヨク石ニ化ス」と書いてあった。それがどういう意味だか私にはよくわからなかったし、今でもわかっているわけではないけれども、このような怪物に出会うと、たしかに樟は石に化けると言いたくなる。もしかすると、それは地下に何万年も埋もれた後のことかもしれない。が、若宮神社は春日山の中腹の坂道に建っているので、そういう地形の場所で、大きな幹を支えるためには、生きながら石と化す必要が生じたのではないか。紀州や九州では、もっと大きな樟を見たことがあるが、素直に育った大木から、このような感銘をうけることは稀であった。

日本に仏教が伝来した頃は、樟で仏像を造ることが多かった。それは朝鮮の影響かとも思われるが、それ以上にわが国では、樟を霊木として崇めた時代が長かったせいではなかろうか。平安初期に至って彫刻に適した檜を発見して以来、樟を使う風習はすたれたようである。

その代表的な作に、大和の法輪寺の観音像がある。観音さまには、「檀像《だんぞう》」と称して、白木で彫刻する場合があり、印度や中国では主に白檀を使用していた。だから檀像と呼ぶのであるが、日本には白檀がないので、よい香りを持つ榧や桂の類で代用した。この観音さまには、淡い彩色が遺っているが、広くいえば檀像の一種で、樟の一木造りである。いかにも樟の大木が、そのまま仏さまに化けたようなどっしりした姿で、明るい生地の色がほのぼのとした印象を与える。

　だが、若い頃の私には、この仏像のほんとうのよさがわからなかった。法隆寺の百済観音や、中宮寺の弥勒菩薩の、あのロマンチックな魅力にひかれていたからで、ただ芸もなくつっ立っている仏像に、何の興味も感じなかったのである。が、年をとるにつれ、仏像はこれでいいのだ、これが檀像の源泉だと、そう思うようになった。うまく説明することはできないが、この彫刻はあらゆる技巧を拒絶して、霊木の美しさを活かすことに集中している。天衣はまとっていても、その柔らかな素肌のぬくもりは、私には裸像のように見えてならない。しいて言えばそういうことになるが、霊木の性を活かしているところに、この彫刻の魅力があり、やがて日本の自然信仰と、外来の仏像が合体して、神仏習合の思想に発展して行く、その萌芽が見出されるように思うのである。

　断っておくが、法輪寺では、この仏像は、飛鳥時代の虚空蔵菩薩《こくうぞうぼさつ》ということになっている（写真省略）。が、時代は少し下って、白鳳初期（七世期後半）の作、また虚空蔵ではなくて、観世音菩薩であることは紛れもない。左手に持った水瓶がそのことを証している（虚空蔵の場合は、右手に宝剣、左手に蓮華《れんげ》か宝珠を持つ）が、平安初期の弘法大師の時代に、虚空蔵信仰が隆盛を極めたことがあり、名前がまちがって伝えられたのはその時以来であろう。法隆寺の百済観音でさえ、長い間虚空蔵菩薩と呼ばれていたが、倉庫の中から化仏《けぶつ》のついた宝冠が発見されて、もとの観音さまに戻ったと聞く。

法輪寺は、聖徳太子の皇子、山背大兄王《やましろのおおえのおう》の創建で、古くは三井寺と呼ばれていた。お寺の裏側の民家の間に、今も三井（富の井ともいう）の跡が遺っており、村の周辺には多くの古墳が見出される。法輪寺が山背大兄の建立であってみれば、この古墳群は、聖徳太子の没後、太子の思想に殉じて、むざんにも滅ぼされた上宮《じょうぐう》一族の奥津城ではなかろうか。これは私の推測にすぎないが、法隆寺から法輪寺、そして法起寺への道を辿ってみるとき、上宮一族の悲惨ではあるが、凜然とした最期の有様を憶い起さずにはいられない。

この観音さまは、今は多くの仏像とともに、法輪寺の収蔵庫に入っている。が、収蔵庫が建つ以前は、金堂に祀ってあり、あたかも本尊のような形になっていた。してみると、山背大兄の死後、皇子の供養のために造った仏ではなかったであろうか。ちょうどその頃、百済が滅びて（六六〇年）、亡命者が日本に多く渡ったが、その中の一人が制作したのではないかと、専門家はいっている。もしその説が正しいなら、百済と密接な関係にあった上宮王家の菩提を弔うために、金堂の中に観音さまを祀ったのは、当然のことのように思われる。

（『AD（Architectural Digest Japan)』一九八四年四月）

木と石と水の国

近江《おうみ》の古名を「近《ちか》つ淡海《あはうみ》の国」という。都に近い淡水の海の意で、それに対して遠江《とおとうみ》の浜名湖を「遠つ淡海」と呼んだ。近江の字を当てたのは、八世紀ごろからで、訓みのほうも省略され、オウミ・トオトウミと呼ばれるようになった。琵琶湖の名称ができたのは、それより後のことで、琵琶の形に似ているところから起こったが、竹生島《ちくぶしま》に弁才天を祀ったことも、それと無関係ではあるまい。

ささなみの志賀の辛崎幸《さき》くあれど
大宮人の船待ちかねつ
ささなみの志賀の大わだ淀むとも
昔の人にまたも逢はめやも
柿本人麻呂

ささなみは神楽浪、楽浪とも書き、小さな波の打ちよせる風景が、近江の地名の枕詞となったが、爽やかな楽《がく》の音《ね》が聞こえて来るようなひびきは、琵琶の調べを想わせ、弁才天と結びつくに至ったのであろう。

この大きな湖をめぐって、比叡《ひえ》、比良《ひら》、伊吹、鈴鹿連峰など、歴史的にも地理的にも名高い山々がとりまき、南へかけて広い平野が展開されている。四方を山でかこまれ、水の豊富な肥沃な地帯に、人間が好んで住まなかったはずはない。石器時代の貝塚から、縄文・弥生時代の遺跡は、近江の諸々方々に見出される。なかでも特筆すべきは、湖水の近くの平野部から、銅鐸がまとまって出土していることで、有史以前から豊かな生活が営まれていた。

古墳時代に入ると、比叡・比良の周辺はいうに及ばず、湖北の果てから湖南の平野の隅々まで、大小様々の古墳群で埋まり、所によっては今よりずっと開けていたのではないかと思う。それには帰化人の影響もあった。未だ帰化人とはいわなかったが、日本海を渡って、北陸経由で移住した外来人は、想像以上に多かったと思われる。五、六世紀ごろから史上にも頻繁に現れるが、天智天皇の四年（六六五）には、多くの百済《くだら》人が日本に帰化し、近江の湖南に移されて大和に匹敵するほどの文化を打ち建てた。私たちは、今もその残影を古墳出土の美術品や、百済寺、瓦屋寺《かわらやじ》などの寺院に偲ぶことが出来るが、特にみごとなのは石塔寺《いしどうじ》に建つ三重塔であろう。それは明らかに朝鮮の塔の形をしているが、その柔らかい石肌の感触は、日本古来のもので、近江の風土がつくった人々の上にも一種の風化をもたらしたことがわかる。

近江の石造美術は独特のもので、関寺《せきでら》（長安寺）の牛塔、廃少菩提寺の多宝塔、鏡山《かがみやま》の宝篋印塔《ほうきょういんとう》、その他の五輪塔や石仏など、数の上でも、美しさの点でも、日本一だと私は信じている。

遠く離れた安曇《あど》川のほとり、水尾《みお》の平野部には「稲荷山古墳」があり、巨大な石槨《いしびつ》が露出している。この中からは、新羅《しらぎ》の金冠と装身具が発見されたが、継体天皇の父、彦《ひこ》主人王《うしのおおきみ》の墓と伝えられ、越前と近い関係もあって、湖北から湖西へかけては、特に帰化人の影響が大きいようである。坂本の近くの穴太《あのう》には「穴太衆」といって、石組み専門の集団がおり、戦国・桃山時代へかけて、多くの城や砦を築いた。日吉《ひえ》大社の周辺や安土城跡のあたりに、美しい石垣や石橋を見ることができるが、そのような技術が発達したのも、遠く遡れば帰化人の伝統による。

政治的にも彼らは大きな影響力を持っていた。天智天皇が大津京《おおつのみやこ》へ遷都されたのも（天智六年）、聖武天皇が紫香楽宮《しがらきのみや》を造営し、大仏建立を企てられたのも（天平十五年—七四三）、彼らの支援なくしては不可能であったろう。近江が有数な米どころとなったのも、彼らによって早く開発されたためで、陶器はもとより、木工も漆芸も金工も、その源流を外来の技術に求めることができる。そういうと日本の文化はすべて彼らに帰してしまうが、優秀な技術を受け入れることが出来たのは、そういう下地を持っていたために他ならない。勿論、近江の自然がよい原料を供給したことにもよるが、先にもいったように、有史以前から、この地方には豪族が住み、石器や銅鐸に見られるような高度の文化を育んでいた。

近江を歩いてみると、至る所に紡錘形の美しい山がそびえている。日本の文様に「遠山」と名づける一つの型があるが、湖水に浮かぶ竹生島や長命寺山は、その原形であったかも知れない。必ずしも水上に限るわけではない。湖水から立ち上る温気に、近江は冬のさ中でも暖かい色に包まれ、縹渺《ひょうびょう》とした霞のかなたに、紫の山々が浮かぶ景色は、おのずから私たちを古代の世界へ誘《いざな》って行く。

それらの山は、せいぜい三、四百メートルの高さで、山というより丘に近い。なかでも優れて美しいのは、湖東平野の中心にそびえる三上山《みかみやま》で、ゆるやかに流れる野洲《やす》川に面し、緑の裾をひいて立つ姿は「近江富士」の名にそむかない。この山には面白い伝説がある。富士山が噴火した時、琵琶湖が一夜にして陥没し、あまりの土が三上山になったというのだが、この伝説は、三上山の歴史が、非常に古いことを示しているとともに、重要な位置を占めていたことを語っている。

三上は御神、御上とも書き、太古からこの地方に君臨した神山であった。古事記に現れるのは、開化天皇(九代)の時で、日子坐王《ひこいますのみこ》という皇子が、「近淡海《ちかつあふみ》の御上《みかみ》の祝《はふり》がもちいつく天之《あめの》御影神《みかげのかみ》の女《むすめ》、息長水依比売《おきながのみづよりひめ》を娶《めと》りて……云々」とある。三上山に天之御影という神がおり、御上の祝（神主）なる豪族がいつき祀っていた。その神の娘と日子坐が結婚したというのである。天之御影とは、抽象的な名前だが、天照《あまてらす》と同じような意味で、息長氏が祀った祖先神であろう。水依比売は水を司る巫女《みこ》の意で、ヒミコのような立場にあった女性に違いない。オキナガタラシヒメと呼ばれた神功皇后は、その一族で、今でも坂田郡には「息長」という地名があり、その周辺には無数の古墳が見出される。

以上のような伝承から想像すると、三上山は大和の三輪山に相当する神山で、息長氏は天皇と殆ど対等の地位にあって、肥沃な平野の大部分を領していたらしい。実際にも三上山は、それ程高くないにかかわらず、近江のどこからでも遠望され、その秀麗で孤高な姿は、まさに神山の風格を備えている。そういう景色を見るたびに私は、日本の自然と歴史のかかわりあいを、想ってみずにはいられない。時には景色のほうが、生半可な史料より、確かなことを教えてくれる場合もある。歩いてみると、それが一層はっきりする。いつか私は三上山のつづきの妙光寺山へ迷いこんだことがあるが、気がついてみると山全体が古墳で埋まり、上へ行く程大きい。天辺《てっぺん》には、注連縄《しめなわ》をはりめぐらした巨大な石室《いしむろ》が、のしかかるようにそびえ建ち、異様な心地におそわれたことがある。この辺からは漢の鏡が出土したと聞くが、古墳の主《あるじ》の名は知らなくても、無数に散在する古墳群の上に、周囲を圧して君臨する姿は、そのまま古代豪族のエネルギーを表しているように見えた。

このような風景に接するのは、三上山の周辺だけではない。観音寺山の頂上にも、白鬚《しらひげ》神社の裏山にも、祖先の奥津城《おくつき》と推定される古墳があり、近江の歴史の深さを物語っている。

その代表的な例として、私は三上山をあげたが、比叡山には小比叡《おびえ》の山（八王子山《はちおうじやま》、牛尾山《うしおざん》、山王山《さんのうざん》とも呼ばれる）、箕作山《みつくりやま》には太郎坊山、竜王山《りゅうおうざん》には雪野山《ゆきのやま》といったように、大きな山系の一部を占めていることもあり、ささやかな神社の背後に神体山とおぼしき山を見る時もある。それらの山に共通することは、必ず川に面しており、山上に神の降臨する磐座《いわくら》があって、神木が立っていることである。そういう形式を「神奈備《かむなび》」といい、神のなびき依るところ、ひいては神の在《おわ》す山を指し、万葉集には、「神名火の三諸《みもろ》の山にいつく杉思ひ過ぎめや……」とか、「……三笠の山の帯にせる細谷川《ほそたに》の音のさやけさ」などのように、そういう風景を謳《うた》ったものが多い。それは単なる自然描写ではなく、風景を謳うことが、そのまま神への讃歌であったように思われる。神社が造られたのは、仏教伝来以後のことで、大和の三輪山には今も拝殿しかない。

大きな豪族はむろんのこと、小さな村でもそれぞれ「神奈備の山」を有し、その山を中心に農耕生活を営んでいた。山は生活に欠くことの出来ぬ水を与え、その水は田畑をうるおすだけでなく、山から伐り出す材木や石材を運搬する役目もした。湖水から流れ出る瀬田川は、やがて宇治川となって木津川へ入るが、藤原京の昔から、平城京や東大寺の建設に及ぶまで、近江の河川が果たした役目は大きい。水依比売は、そういう水利権も握っていたのではなかろうか。大和の天皇が、関係をつけたかったのは当然のことで、近江を統《す》べることは、莫大な財産を手に入れることを意味した。

私たちの祖先は、そうして何千年もの間、自然を神として敬い、畏れ、感謝しつづけて、その中から多くの芸術作品を生んだ。どれひとつとして自然の申し子でないものはない。彫刻は木理《もくめ》の美しさをたたえ、建築は立木《たちき》に似、陶器は新鮮な土の香りを発散する。人は己が恋心を草木に託し、美しい乙女を花の蕾《つぼみ》にたとえた。

託馬野《つくまの》に生《お》ふる紫草衣《むらさききぬ》に染《し》め
いまだ着ずして色に出でにけり　　笠女郎《かさのいらつめ》（万葉集）

山越えて遠津《とほつ》の浜の石《いは》つつじ
わが来るまでに含《ふふ》みてあり待て　　読み人知らず（万葉集）

託馬野《つくまの》は、坂田郡米原《まいはら》の筑摩野《つくまの》、遠津は伊香《いか》郡西浅井町《にしあざいちょう》大浦のあたりをいう。

神体山が比較的小さいのは、古代人の日常生活と密接に結びついていたからで、朝な夕なに身近に眺められることも条件の一つであったろう。巫女や神主が籠るためにも、あまり高い山では不可能であったに違いない。比叡山や伊吹山が開かれたのは、天平以後のことで、いずれも山岳仏教の行者たちによって開発された。その場合も、たとえば伝教大師は日枝《ひえ》の神に導かれて、比叡山に登り、三修上人は麓の池の中に光るものを見て、伊吹山を開いた。別の言葉でいえば、彼らは日本の神によって仏教に開眼されたので、その源にあるのは太古からの自然信仰であった。

伝教大師は、三津首《みつのおびと》という帰化人の子孫で、今の言葉でいえば日吉大社の氏子《うじこ》として生まれた。伝記によると、寺院での学問にあきたらず、比叡山に籠って独自の修行を志したが、彼はまず日吉大社に参拝し、小比叡の山から谷伝いに、虚空蔵尾《こくうぞうお》(延暦寺のある所)に達したという。その道を辿ってみると、仏教の高邁な思想がどういう過程を経て、日本の土にしみこみ、自然の神と混淆《こんこう》して行ったか、おぼろげながら知ることができる。それは帰化人の子孫であった伝教大師が、自ら経験した歴史であったかも知れない。神仏が混淆したのは近江に限るわけではないが、自然信仰から山岳仏教へ発展した道筋は、近江に一番遺っているような気がする。古い寺院は必ず神体山の麓にあり、古墳や石造美術はその周辺に集中している。自然の条件に恵まれていたのと、民間に信仰が生きているためだろう。私はよく山奥のお寺に仏像を拝観に行って、村の人々の信仰の深さに心を打たれることがある。

湖北の向源寺《こうげんじ》（渡岸寺《どうがんじ》）も、そういうお寺のひとつである。はじめて訪れたのは秋の末のことで、索漠とした北国の風景の中に、稲をかけるはさが風趣をそえていた。北国街道の高月《たかつき》から東の山側に入って行くと、間《ま》もなく渡岸寺の集落が見えて来る。お寺はその村の林の中に建っていた。お寺というより、集会所という感じで、村の人が鍵をあずかっており、当時、住職はいられなかった。その殺風景なお堂の中で、私は世にも美しい十一面観音を拝んだ。その時の感動は今も忘れることができない。

　この観音像については、今までにも多くの方々が語り、私も度々書いたことがあるのでここでは止《とど》めたい。写真を見て下されば充分解って頂けると思う（写真省略。以下同）。寺伝によると、越前の泰澄大師が、聖武天皇の勅命によって、十一面観音を造り、ここに一宇《う》を建てて祀ったが、更に桓武天皇の延暦九年（七九〇）、伝教大師が七堂伽藍を建立したと伝える。泰澄大師は白山を開いた山岳行者で、彼も白山の神に導かれて、十一面観音を感得したという。その縁故で越前から湖北へかけて、泰澄大師に関する事跡が沢山遺っているが、おそらく伊吹連峰のどこかの寺にあった本尊が、浅井・織田の兵乱によって寺を焼かれ、村の人々にひそかに守られて来たのであろう。湖北にはそういう運命を辿った十一面観音が多いが、地形からいっても、その信仰が、白山から伊吹連峰を伝って、近江に及んだことは想像がつく。度々の兵火に焼失を免れたのは、ひとえにそういう人たちのおかげで、去年（昭和四十七年―一九七二）の秋には、彼らの力で新しい収蔵庫も建った。欲をいえば、小さなお堂の中で拝んだほうが、こういう観音様にはふさわしいと思うが、今のような時代にそんな贅沢はいえまい。時代ははるかに下るが、同じ道を辿った十一面観音に、伊吹町の円空仏もある。

おしなべて春にあふ身の草木まで
誠に成れる山桜かな

と銘文に記してあり、伊吹山の神木で造ったものらしい。もとは伊吹山の頂上に祀ってあったのを、セメント工場に土地が買収され、最近山の麓の伊吹町に移された。近江にはよく「立木観音」の伝説が見られるが、自然の立木に観音像を刻むこともあったようで、やはり神仏混淆の形式の一つである。この円空仏も、そういう形を踏襲している。銘文の歌を見ても解るとおり、あらゆる所で、あらゆる時代に、人はそういう努力を重ねて、仏教に生命を与えて来た。磐座に石仏を刻み、神木に仏像を彫り、寺院には鎮守の社《やしろ》を設けることを忘れてはいない。明治の神仏分離令で、千年以上つづいて来た日本独特の文化は、大きな打撃をこうむったが、政治の力はついに民衆の生活力には及ばなかった。私たちは未だに「神仏」という言葉をもって、信仰とも偶像崇拝ともつかぬものを信じている。湖北の村の人々にしても、別に熱烈な仏教信者というわけではない。「何事の在《おは》しますかは知らねども……」という西行の詞《ことば》は、現在も生きており、ふとした時に私たちは古代人の心に還って、自然の中に母なる神を見る。この写真集は、単に山紫水明の近江と、そこに秘められた文化財を紹介するためではなく、風景と歴史の微妙な調和、長い年月にわたって、自然と人間の間に交わされた言葉の数々を、カメラを通じてとらえたものに他ならない。出来上がってみて、はじめは漠然としていた私の目的が、眼に見えるものとして定着されたことを知った。木と石と水の国、それが私たちの第一印象であった。これは近江だけでなく、広く日本の文化の根源をなすものであろうと私は思っている。

二、三年前、駸々堂《しんしんどう》の谷口常雄氏と会った時、近江の写真集を出したら面白かろうという話になった。近江はまだ公害や観光にそれ程害されてはいず、至る所に昔のままの自然が遺っている。美術品にしても、未発表のものが沢山あり、歴史家や考古学者が手をつけていない所も多い。ちょうどその頃、私たちは、黒田辰秋氏の作品集に取りかかっており、写真は牧直視《なおみ》氏が担当していた。京都へ行くついでに近江も撮影して貰ったらと、しごく都合のいい話になった。

ところがはじめてみると、思ったようには運ばない。牧さんは土門拳氏の弟さんだけあって、ひどく凝り性なのである。黒田さんの小品でも、日に一点があやしいくらいで、野外の撮影ともなると、一つ所に何日もかかることがあった。三上山などは、二年くらい通いつづけたと記憶している。

特に竹生島の写真は、近江の前野隆資氏がモノクロで撮影しており、同じ情景をカラーで再現すべく、何十ぺんも通ったという。雲の切れ目から後光がさし、灰色の湖に孤島が浮かぶ景色は、神秘的というより他はなく、牧さんの心を強くとらえたに違いない。竹生島が一番美しく見える湖北の山本山の天辺で、伊吹おろしにさらされながら撮影したという話を、私は後に編集者さんから聞いた。

たとえば、大津京の「礎石」一つを写すのでも、壬申《じんしん》の乱から勉強してかかるという姿勢で、それだけに私の意図したところを的確につかんで下さった。その熱心な仕事ぶりを見ていると、せかせるわけにもいかず、いつの間にか三年近く経ってしまった。結果として、ご覧のとおりの写真集が出来上がったが、その間《かん》の谷口さんたちの苦労も想いやられる。

撮影している間に、私は解説を書くつもりで、「芸術新潮」に〈近江山河抄〉を連載していた。ところが、こちらのほうも思いどおりには運ばない。一年も連載しているうち、解説とは程遠いものになり終わった。谷口さんは見るに見かねて、解説は別に書くこととして、一冊の本にまとめてほしいと申し出て下さった。で、この写真集（『近江』）と同時に、駸々堂から出版して頂くことになったが、近江に興味を持つ読者は、併せ読んで頂ければ幸いである。

（『近江』駸々堂出版、一九七三年）

聖林寺から観音寺へ

はじめて聖林寺をおとずれたのは、昭和七、八年のことである。当時は今とちがって、便利な参考書も案内書もなく、和辻哲郎氏の『古寺巡礼』が唯一の頼りであった。写真は飛鳥園の先代、小川晴陽氏が担当していた。特に聖林寺の十一面観音は美しく、「流るる如く自由な、そうして均勢を失わない、快いリズムを投げかけている」という和辻氏の描写を、そのまま絵にしたような作品であった。聖林寺へ行ったのは、それを見て間もなくの事だったと記憶している。

桜井も今とはちがって、みすぼらしい寒村の駅であった。聖林寺と尋ねても、誰も知っている人はいない。下《しも》という字《あざ》にあると聞いたので、寺川にそって歩いて行くと、程なくその集落へ出た。村の人に聞くと、観音様は知らないが、お地蔵さんなら、あの山の上にあるという。お寺へ行けばわかると思い、爪先上りに登って行くと、ささやかなお堂につき当った。門前には美しいしだれ桜が、今を盛りと咲き乱れていた。案内を乞うと、年とったお坊さまが出て来られた。十一面観音を拝観したいというと、黙って本堂の方へ連れて行って下さる。本堂といっても、ふつうの座敷を直したもので、暗闇の中に、大きな白いお地蔵さんが座っていた。「これが本尊だから、お参り下さい」といわれ、拝んでいる間に、お坊さまは雨戸をあけて下さった。さしこんで来るほのかな光の中に、浮び出た観音の姿を私は忘れることが出来ない。それは今この世に生れ出たという感じに、ゆらめきながら現れたのであった。その後何回も見ているのに、あの感動は二度と味わえない。世の中にこんな美しいものがあるのかと、私はただ茫然とみとれていた。

観音様は本尊の隣の部屋に、お厨子ともいえない程の、粗末な板がこいの中に入っておられた。その為に膝から下は見えず、和辻さんが讃美した天衣の裾もかくれている。が、そんなことは少しの妨げにもならなかった。私が呪縛されたように動かずにいるのを見て、住職は後の縁側の戸を開けて下さった。

くずれかけた縁へ出てみると、後側からは全身が拝めた。私はおそるおそる天衣の裾にさわってみて、天平時代の乾漆の触感を確かめてみた。それは私の手に暖く伝わり、心の底まで深く浸透した。とても鑑賞するなどという余裕はなく、手さぐりで触れてみただけである。それが十一面観音とのはじめての出会いであった。

住職はお茶を入れて下さり、しばらくそこでお話をした。

聖林寺は今でこそ小さな山寺にすぎないが、その創立は和銅五年（七一二）、藤原鎌足の息、定慧《じょうえ》が、父の菩提を弔う為に建てたと伝えている。その後、談山神社の別院として栄えたが、度々の火災に会い、衰微していたのを、鎌倉時代に、三輪の大御輪寺《だいごりんじ》の長老、慶円上人の助力によって再興した。現在のお堂は、徳川時代の建築というから、その後もしばしば災害に見舞われたのであろう。土地の人々が「お地蔵さん」としか知らなかったのは、貧しい民衆によって、辛じて支えられて来たことがわかる。

十一面観音は、三輪神社の神宮寺に祀ってあったのを、明治の廃仏毀釈の際に、ここへ移されたと聞いている。住職は当時のことをよく覚えていられた。発見したのはフェノロサで、天平時代の名作が、神宮寺の縁の下に捨ててあったのを見て、先代の住職と相談の上、聖林寺へ移すことにきめたという。その時住職は未だ小僧さんで（たしか十二歳と聞いた）、荷車の後押しをし、聖林寺の坂道を登るのに骨が折れたといわれた。三輪には、観音様といっしょに、地蔵菩薩も祀ってあり、一旦はここに移したが、聖林寺には本尊がいられるので、そちらの方は先代住職の兄弟弟子がひきうけ、法隆寺へ移転した。今でも法隆寺の金堂には、本尊の裏側（北側）に、この地蔵様が祀ってあるが、檜の一木造りの堂々とした彫刻である。錫杖を持たない所から、神像かも知れないといわれるが、受ける感じはやはり地蔵以外のものではない。

法隆寺の金堂といえば、戦前に見た壁画の中にも、十一面観音があった。今はもう焼けて、見ることは出来ないが、その当時でもあまり状態はよくなかった。勿論、彫刻と絵画では、比較することは困難だが、聖林寺の観音とよく似ていたような印象がある。そういう縁故もあって、地蔵菩薩は金堂の中に安置されたのではなかろうか。

住職は、フェノロサのこともはっきり覚えていられた。穏かなおじいさんで、観音様を移した時には、終始荷車のわきへつきそっていたという。光背の断片も一つ一つ新聞紙にくるんで運んだ。その光背は大きな箱の中に、元の形がわかるように並べてあったが、所々に金箔が残る宝相華《ほうそうげ》や唐草文はみごとなもので、十一面観音がこの光背を背に立っていた時は、どんなに美しかったであろうと想像された。

おいとまする時住職は、このようなことをいわれた。――若いうちによく見ておきなさい、「子たち」が出来ると、中々こんな所へは来られないから、と。私は既に結婚しており、子供もいたが、羞しいので黙っていた。その後二、三べん伺ったと思うが、そのうち戦争になり、住職もお亡くなりになった。考えてみれば、ずいぶん古い話だが、桜井駅のごたごたした町並みも、田圃づたいの小道も、満開の桜も、昨日のことのように思い出される。


観音様からうけた感動を静めようとして、私はしばらく桜の木の下にたたずんでいた。ちょうど日が落ちる時刻で、紅色の桜が一段と濃く染り、大和の青垣山が、夢のように霞んでいる。その中に、ひときわ秀れて立つ三輪の神奈備《かむなび》は、今見たばかりの十一面観音の姿に似ているように思われた。いつしか私の心の中で、観音と三輪山としだれ桜は重なり合い、一つの「風景」として育って行った。そうして四十年の年月が流れた。

戦後に行った時は、葉桜の頃で、桜が健在なことを知って、私は安心した。その時か、その次の時か、山の上の方に、新しい観音堂が建った。下からも光ってみえるのが、あたりの景色とそぐわなかったが、アルミニュームで出来ているとかで、雷が落ちないという話を、新しい住職から伺った。

新築のお堂の中で眺める十一面観音は、いくらか以前とは違って見えた。明るい自然光のもとで、全身が拝める利点はあったが、裸にされて、面映ゆそうな感じがする。前には気がつかなかった落剝が目立つのも、あながち年月のせいではないだろう。いくら鑑賞が先に立つ現代でも、信仰の対象として造られたものは、やはりそういう環境において見るべきである。またそうでなくては、正しい意味の鑑賞も出来ないのではないか。

だが、そういう利点だか欠点だかを超越して、なおこの十一面観音は気高く、美しい。後世になると、歴然とした動きが現れて来るが、ここには未だそうしたものはなく、かすかに動き出そうとする気配がうかがわれる。その気配が何ともいえず新鮮である。蕾の蓮華で象徴されるように、観世音菩薩は、衆生済度のため修行中の身で、完全に仏の境地には到達していない。いわば人間と仏との中間にいる。そういう意味では過渡期の存在ともいえるが、この仏像が生れた天平時代は、歴史的にいっても律令国家が一応完成し、次の世代へ遷ろうとする転換期に当っていた。「咲く花の匂うが如き」時代は、また咲く花が散りかかろうとする危機もはらんでいた。そういう時期に出現したのが十一面観音である。だから単に新鮮というのは当らない。そこには爛熟と頽廃のきざしも現れており、泥中から咲き出た蓮のように、それらの色に染みながら、なおかつ初々しいのがこの観音の魅力といえる。一つには、乾漆という材質のためもあると思うが、どこか脆いようでいて、シンは強く緊張している。女躰でありながら、精神はあくまでも男である。その両面をかねているのが、この観音ばかりでなく、一般に十一面観音の特徴といえるかも知れない。

もともと十一面観音には、そうなるべき素質と過去があった。後藤大用氏の『観世音菩薩の研究』によると、生れは十一荒神と呼ばれるバラモン教の山の神で、ひと度怒る時は、霹靂《へきれき》の矢をもって、人畜を殺害し、草木を滅ぼすという恐しい荒神であった。そういう威力を持つものを遠ざける為に、供養を行なったのがはじまりで、次第に悪神は善神に転じて行った。しまいにはシバ神とも結びついて、多くの名称を得るに至ったが、十一面の上に、千眼を有し、二臂、四臂、八臂など、様々の形象で現わされた。日本古来の考え方からすれば、荒御魂《あらみたま》を和《にぎ》御魂に変じたのが、十一面観音ということになり、そういう点で理解しやすかったのかも知れない。印度から中国を経て日本へ渡ったのは、六世紀の終りごろで、現存するものでは、那智発掘の金銅十一面観音（白鳳時代）がもっとも古いとされている。

私の経験からいっても、十一面観音は、必ず山に近いところ、もしくは山岳信仰と関係のある寺に祀ってあり、あまり方々でお目にかかるので、自然に興味を覚えるようになった。何より驚くのはその数の多いことと、美しい作が沢山あることで、興味というより不思議に感じたのがはじまりである。が、そんなことはいくらいってみた所で仕方がない。学者なら学問の方から近づくことも出来ようし、坊さんなら信仰によって感得する所もあるに違いない。が、素人の私はどうすればいいのか。とにかく手さぐりで歩いて、なるべく多くの十一面さんに会ってみる以外に道はない。巡礼というのも大げさで、歩いている中に何かつかめるかも知れないし、つかめなくても元々である。そういう呑気な旅日記なのだから、読者もそのつもりでつき合って頂きたい。

別に取材というわけではないが、先日大和へ行ったついでに、私は聖林寺へよってみた。どうせ書くなら、一番はじめに出会った観音様に挨拶がしたいと思ったからである。桜井の町は昔とは大違いで、道路も整備され、お寺の近くまで住宅街が押しよせていた。山の下で車を降り、石段を登る。その時私は、あのしだれ桜が、枯れかかって、むざんな姿をさらしていることに気がついた。この状態では、もう花をつけることはあるまい。もともと短命な植物である。四十年前にかなりな大木だったのだから、公害に犯されずとも、寿命はつきる頃だろう。そうとわかっていても、私には、古い友達を失うようで悲しかった。

　観音堂へは、この前は山道を歩いて登ったが、本堂から新しい回廊が出来ていた。観光バスがついて、大勢人が登って行く。四十年前に遡らずとも、十年前とでも雲泥の相違である。観音様へのお参りもそこそこに、私はそこから三輪神社へ向った。前にもいったとおり、この十一面観音は、三輪の神宮寺から移されたもので、その跡を確かめたいと思ったからである。

　三輪神社には、かつて神宮寺が三つあった。平等寺と大神寺と常願寺で、観音様は大神寺に祀られていた。おおみわでら、もしくは単にみわでらと訓むが、一般には大御《だいご》輪《りん》寺《じ》で通っており、現在は若宮神社に変っている。そんな風に名前が変遷しているので、神宮寺といっても、はじめ私には見当もつかなかった。発見したのはつい最近のことだが、鎌倉時代の立派な建築が遺っていて、三輪神社の境内に、静かな一廓を占めている。

　三輪山に向って、神社の参道を登って行くと、鳥居の左手にその若宮が建っていた。大三輪町史によると、奈良時代の瓦や礎石が発見されたというから、創立はその頃に遡るのであろう。が、廃仏毀釈の際に、文献を失い、はっきりしたことは何一つわかってはいない。鎌倉時代には、西大寺の叡尊がここに住み、五重の塔を建てた記録があるが、その塔も明治の初年に破壊されたという。神仏分離令によって、損害をこうむった寺はここだけではないが、それにしてもひどい仕打ちをしたものである。

本尊を失った社殿の中は、がらんとして、手持無沙汰に見えるが、一部にエンタシスを持つ太い柱の列は、奈良時代の古材を利用したものであろうか。全体に明るく、のびのびとした建築は、古い様式を止どめており、少しも抹香くさくないのが気持よい。ここに十一面観音が鎮座していた時は、どんなに美しかったことだろう、私はその状景を想像してみて、はじめて安堵した。

だが、観音様が聖林寺へ移されたのは、単にフェノロサや先代住職の好意によるのではないと思う。大御輪寺の長老によって、聖林寺が中世に再興されたのをみても、両者の間には特別な関係があったに違いない。中世まで遡らなくても、先々代の聖林寺住職は、大御輪寺も兼任していたというから、ぜんぜん無縁な所に引越したわけではない。文献がないので、詳しいことはわからないが、若宮は成務天皇（一説には、垂仁天皇）の時代に、三輪の大物主《おおものぬし》の子孫、大田田根子《おおたたねこ》を祀ったと伝え、古くから神社があった所に、十一面観音は合祀されていたのである。周知のとおり、三輪山は、山そのものが御神体で、今も拝殿しかないことが知られている。そういう所に十一面を祀ったのは、偶然ではあるまい。大田田根子が大物主の後胤なら、十一面観音もまた山の神の子孫である。宝冠の上に、瞋面《しんめん》、牙出面、暴悪大笑面など、柔和な容姿にふさわない忿怒相を頂いているのは、祖先の名残を止どめているのであろう。悪には悪をもって、瞋には瞋をもって、救済するのが観音の本願といえるのかもしれない。が、ここでは「若宮の御《み》影《えい》」ということになっており、早く言えば三輪山と同体の意味にうけとれる。もともと慈悲深い観音には母性神の性格があり、生活に必要なものを生む神山と、結びついたのは当然である。本地垂迹、――仏が神の姿を借りて人を救うという説は、観念的な思想ではない。農民の日常生活の中から、自然に発生した信仰であった。「三輪山縁起」は、この若宮について、不思議な伝説を伝えている。

若宮殿とは、武一原の大納言の御まご。大聖文殊の化現、十三歳の御とき大みわ寺の一室に引こもりて二度出給はず、日本国生身入定の濫觴なり、御あしのあと一足になん気とどまりて今にこれあり。

元より信ずるに足らぬ仏教説話のたぐいだが、三輪の町の人々には奇妙な言い伝えがあり、「若宮さんには血の足跡がある」といって、昔から近づかなかった。そういう伝承には、必ず元になる事実があるものだが、大納言の御孫が、誰であったか知る由もない。ただ私の興味をひくのは、「日本国生身入定の濫觴なり」の一節で、生きながら往生する――密教の方でいう「即身成仏」が、ここでは早くから行われていたらしい。そういう聖地もしくは行場であった為に、人は畏れて近づかなかったのであろう。補陀落《ふだらく》渡海で有名な那智の補陀落山寺にも、十一面観音が祀ってあり、そういうことを思い併せると、この観音が持つ意味は一朝一夕でとけるものではない。早くも私は眩惑されそうな思いに駆られるが、一方にこわいもの見たさという気もあって、謎は深まれば深まるほど興味も湧く。十一面観音というと、誰しもロマンティクな先入観を持っており、私も御多分にもれないが、そんな甘いものではなさそうな予感がする。

聖林寺の観音と、いつも比較されるのは、山城の観音寺の本尊である。正しくは息長《そくちょう》山《ざん》普賢寺といい、京都府綴喜《つづき》郡田辺にある。土地では「大御堂《おおみどう》」とも呼ばれ、薪の一休寺、井出の蟹満寺《かにまんじ》からも遠くはない。数年前、私はこのあたりを毎日のように歩いたことがあった。仁徳天皇の皇后、磐之媛《いわのひめ》がいられた所で、後に継体天皇の都となった「筒城《つつき》の宮跡」をしらべる為である。附近には多々羅という集落があり、欽明天皇の時に渡来した人達が、金多々利《こがねのたたり》、金平居《こがねのおけ》を献上して、多々良公の姓を賜わったと伝える。多々利とは金製の糸巻、平居は麻を績《う》む麻笥《おけ》をいうそうで、都があった所にも、養蚕を業とする百済系の人達が住んでいた。

「日本書紀」には、磐之媛皇后が、蚕を見物したことが記されているが、越前から出た継体天皇も、帰化人の援助のもとに都を築かれたのであろう。天皇は河内の樟葉《くずは》からここへ遷ったが、樟葉は今の枚方市で、枚方へぬける古い街道が、すぐ目の前を通っている。

山上からの見晴しはよく、木津川がゆったり水をたたえて流れて行く向うに、深々と茂った綴喜の岡が見渡される。足元には普賢寺川が、河内街道にそって、東へ向って流れている。普賢寺は、その川のほとりに建っており、天平時代の十一面観音が祀ってあると聞いていたが、私はまだ拝んでいなかった。一つには、私の見た写真がまずかったためで、窮屈な恰好で、宝瓶をにぎりしめた姿は、おせじにも美しいとはいえなかった。写真などにだまされるのはつまらないことだが、一度得た先入観からは中々ぬけ切れるものではない。その為にも実物に接する必要があった。

はじめて訪れたのは、二、三年前のことである。多々羅の村をすぎ、普賢寺川にそって行くと、間もなく右手の山懐ろに観音寺が見えて来た。畔道伝いの参道にも、ひなびた趣があり、紅葉にうずもれて、ささやかなお堂が建っている。案内を乞うと、住職はお留守で、奥さんがお堂を開けて下さる。変に勿体ぶらない所も、山村の寺らしくて気持がよかった。

庭前の紅葉と、池水の反射をうけて、ゆらゆらと浮び出た十一面観音は、私が想像したよりはるかに美しく、神々しいお姿であった。といって、写真がぜんぜん間違っていたわけでもない。宝瓶を持つ手は後補なのか、ぎごちなく、胸から腰へかけてのふくらみも、天衣の線も、硬い感じを与える。が、学者によっては、聖林寺の観音より優れていると見る人々は多い。落剝が少く、彫りがしっかりしているからだが、素人の私には、まさしくその長所が欠点として映る。ひと口にいえば、頽廃の気がいささかもないのが、甘美なロマンティシズムと、流れるようなリズム感から遠ざけている。それはたとえば力強い支那陶器と、やわらかい志野や織部を比較するようなもので、殆んど意味のないことだろう。私はそんなことがいいたい為に巡礼をしているのではない。では何の為に、と聞かれると返答に困るが、少くとも十一面観音の品定めでないことは確かである。

三輪から京都への帰り道に、ふとこの観音様のことを思い出して、田辺によってみた。この度は住職がいられたが、田圃の中で稲刈りの最中である。こういう時は猫の手も借りたいものだが、快くお堂の扉をあけて下さる。山間のこととて、日の暮が早く、お堂の中は真暗だったが、お厨子には蛍光灯がついて、よく拝観できるようになっていた。二度目にお目にかかる観音様は、聖林寺を見てすぐなのに美しかった。似ていると思うから、比較したくなるので、まったく別の彫刻として見れば、やはり天平のすぐれた特徴をそなえている。後補が大分あるので、損をしていられるが、仏像ばかりでなく、絵画でも陶器でも、虫眼鏡で観察するようなことに、私はあきあきしている。そういうことは専門家に任せて、ただ全体が美しければそれでいい。その望みを観音様は充分に

十一面観音立像(観音寺蔵／撮影：田枝幹宏)

叶えて下さった。そして、私は幸福であった。しいていうなら、それがこの度の巡礼の目的といえるかも知れない。

観音寺の創立については、「興福寺官務牒疏」の中に、次のように記してあるという（杉山二郎「東大寺実忠の造立した仏像」）。

この寺は、天平十六年（七四四）良弁僧正の開基で、「息長山」と号し、大御堂に丈六の観音像を安置し、小御堂には普賢菩薩を安置した。宝亀九年（七七八）良弁の弟子の実忠が、五重大塔を建立したが、延暦年間に火災に会い、平安初期へかけて再興された。治承四年（一一八〇）平重衡の兵火によって全焼したが、程なく近衛基通によって再建され、基通は晩年ここに隠居したので、「普賢寺殿」と呼ばれた。その後も度々炎上しているが、観音に補修が目立つのは、有為転変を重ねた為と思われる。聖林寺にしても、観音寺にしても、千二百年の齢を保つのは容易なことではない。が、その度に再興しているのは、藤原氏その他、土地の人々の信仰が厚かった為である。

天平十六年といえば、聖武天皇が信楽《しがらき》の甲賀の寺で、大仏建立を発願された年で、普賢寺が同時に建てられたとすると、何らかの関聯があったに違いない。その頃聖武天皇は、奈良から恭仁《くに》、信楽へと、都を転々と遷されたが、十六年の二月には、恭仁京から難波へ移った。当時は橘諸兄《もろえ》が朝廷を押えており、諸兄の本拠は、木津川の対岸の井出にあった。そこからは信楽へも、恭仁京へも、山越えの近道がある。難波へ行くには、普賢寺川にそって、古い河内街道を淀川堤へ出たかも知れない。当時は船を利用することが多かったから、木津川を迂回したとも考えられるが、何れにしても普賢寺は重要な交通路に当っていた。殊にこの辺は百済人の根拠地で、良弁も百済の帰化人の子孫である。伊賀・甲賀から用材を運ぶためにも、技術家を集めるにしても、ここに中継地があることは便利だったであろう。

杉山二郎氏も、ほぼ似たような意見を出されたが、私が思うに、普賢寺は単なる中継地や聯絡事務所ではなく、それは遷都の安全を祈る重要な寺院だったのではないか。しかも、場所は木津川のほとりであり、水を鎮める神として、十一面観音を祀ったのは自然なことのように思われる。昔、木津川はもう少し西を流れていたというから、普賢寺川とより合う地点に、寺を建てたのであろう。古代の人々は、美しい観音の姿に、太古から伝わった水依比売《みずよりひめ》の俤を見たに違いない。神仏は日本人の生活の中で混淆した。決して外から押しつけられた思想ではなく、人工的に造った方便でもなかったと思う。

観音堂に向って左側に、ささやかな地主神社が建っている。元は東北の山中にあったそうで、御霊神社とも呼ばれ、祭神は継体天皇である。東北といえば、筒城の宮のあったあたりで、継体天皇を祀ったのはわかるが、「御霊」と呼ばれたことは不思議である。越前から出たこの天皇には、不可解な点が多く、河内の樟葉から山城の筒城、同じく山城の弟国（乙訓）へと、落着くひまもなく遷都し、大和へ入るのに二十年近くかかっている。のみならず、「日本書紀」には、「百済本紀」をひき、「日本《やまと》の天皇及び太子《ひつぎのみこ》・皇子、倶に崩薨《かむさ》りましぬ」という記事をのせており、その頃朝廷内に重大な事件がおこったことを暗示している。

ついで安閑、宣化、欽明の三皇子が立たれたが、太子も皇子も薨去されたとすれば、安閑・宣化の両帝は即位しなかったことになる。二人の在位は至って短く、たとえ殺されないまでも、大和と山城に、二つの朝廷が並立した時期があったかも知れない。欽明天皇だけが、大和直系の手白髪《たしらか》皇女の皇子であったことを思うと、外来の勢力を背景にした継体の一族は、はげしい抵抗に会ったとみねばなるまい。長年大和へ入れなかったこと、「継体」という諡号《しごう》も、そう思ってみれば謎めいている。

御霊信仰が発生したのは大分後のことだが、筒城の宮跡に天皇の御霊を祀ったのは、当時の記憶が残っていたのではあるまいか。「書紀」がかくそうとした事件の真相を、土地の人々は知っていたに違いない。まして、ここは大和に近く、外来人の根拠地でもある。彼らにとっても、忘れることの出来ない痛恨事であったろう。そういう記憶は長く尾をひくもので、百済人の子孫である良弁が、天皇一族の鎮魂の為に、十一面観音を祀ったのは、あり得ることだと私は思う。木津川は、この頃でもよく氾濫するが、古代の人々はその度に、天皇の怒りを思い出し、祟りを畏れたのではあるまいか。

観音寺から川を渡って、反対側の山腹に、関白近衛基通の墓があり、しるしに杉が植えてある。ここを「普賢寺谷」といい、「御所ノ内」「公家谷」などの地名が残っている。基通は平家の全盛時代に、摂政関白となり、鎌倉幕府には反対だった。平家滅亡とともに職をしりぞき、ここへ隠棲したのも、鬱憤がつのったからだろう。御所ノ内には、白山神社が建っているが、この周辺には他にも白山神社があり、白山信仰も十一面観音とは関係が深い。そのことについては、また述べる折もあろうが、このような山村に、意外と古い文化が遺っていることには驚く。

観音寺から西へ行ったところに、「水取」という地名があるので、奈良のお水取と関係があるのかと思い、尋ねてみると、そうではなく、かつて「水取の連《むらじ》」と名のる一族が住み、朝廷の御水《みもい》と灌漑を司っていたという。とすれば、水の神を祀る神社がない筈はない。村の道傍に鳥居が立っているので、入ってみると、「朱智神社」とあり、かつては普賢寺庄の鎮守社であったと聞く。山上まではかなり道のりがあったが、さすがに古い延喜式内社らしく、境内は立派にととのっていた。祭神は神功皇后の祖先とかで、観音寺の山号を「息長山」というのも、ここから出たことがわかる。近江に発祥した息長氏が、後に「朱智」と名のったこともその時知った。彼らの末裔は、その後も普賢寺に仕え、寺のまわりには古墳も遺っているようである。

朱智神社には、藤原時代の牛頭《ごず》天王が祀ってあると聞いたが、急なこととて拝観はかなわなかった。一木造りの立像で、三面の顔を持ち、忿怒鬼神の相を現しているというのは珍しい。何やら十一面観音の前身を想わせるが、牛頭天王は、御霊信仰の神で、継体天皇一族の霊を慰める為に、この地に安置したのではなかろうか。天皇の妃の一人は、息長氏であり、息長氏の神社に祀ったのも不思議ではない。くわしいことはわからないが、筒城の宮の周辺には、未だに継体天皇の恨みがただよっているようで、朱智神社も、普賢寺も、ひいては本尊の十一面観音まで、暗い歴史を秘めているような感じがする。

日本の自然と、そこに配置された神仏は、私の心の中で、既に一つの曼荼羅と化している。実際にも、そういう種類の絵図がないわけではない。いわゆる両界曼荼羅のような本格的な信仰の対象は、我々素人には不可解で近づくことが出来ないが、山水画なら曲りなりにも描けそうな気がする。密教の坊さんは、曼荼羅に想いを凝らしている間に、自分の仏を感得するという。私も十一面観音を見つめている中に、どこかへ行きつけるであろうか。たとえ行きつけぬまでも、美しいものに出会うのは楽しみである。先は長い。あせらずに、ゆっくりと歩いてみることにしよう。

(『芸術新潮』一九七四年一月号)

湖北の旅

早春の湖北の空はつめたく、澄み切っていた。それでも琵琶湖の面には、もう春の気配がただよっていたが、長浜をすぎるあたりから、再び冬景色となり、雪に埋もれた田圃の中に、点々と稲架《はさ》が立っているのが目につく。その向うに伊吹山が、今日は珍しく雲の被衣《かずき》をぬいで、荒々しい素肌を中天にさらしている。南側から眺めるのとちがって、険しい表情を見せているのは、北国の烈風に堪えているのであろうか。やがて、右手の方に小谷山が見えて来て、高月から山側へ入ると、程なく渡岸寺の村である。

土地ではドガンジ、もしくはドウガンジと呼んでいるが、実は寺ではなく、ささやかなお堂の中に、村の人々が、貞観時代の美しい十一面観音をお守りしている。私がはじめて行った頃は、無住の寺で、よほど前からお願いしておかないと、拝観することも出来なかった。茫々とした草原の中に、雑木林を背景にして、うらぶれたお堂が建っていたことを思い出す。それから四、五へんお参りしたであろうか。その度ごとに境内は少しずつ整備され、案内人もいるようになって、最近は収蔵庫も建った。が、中々本尊を移さなかったのは、村の人々が反対した為と聞いている。大正時代の写真をみると、茅葺屋根のお堂に祀ってあったようで、その頃はどんなによかったかと想像されるが、時代の推移は如何ともなしがたい。たしかに収蔵庫は火災を防ぐであろうが、人心の荒廃を防げるとは思えない。せめて渡岸寺は、今の程度にとどめて、観光寺院などに発展して貰いたくないものである。

お堂へ入ると、丈高い観音様が、むき出しのまま立っていられた。野菜や果物は供えてあるが、その他の装飾は一切ない。信仰のある村では、とかく本尊を飾りたてたり、金ピカに塗りたがるものだが、そういうことをするには観音様が美しすぎたのであろう。湖水の上を渡るそよ風のように、優しく、なよやかなその姿は、今まで多くの人々に讃えられ、私も何度か書いたことがある。が、一年以上も十一面観音ばかり拝んで廻っている間に、私はまた新しい魅力を覚えるようになった。正直いって、私が見た中には、きれいに整っているだけで、生気のない観音様が何体かあった。頭上の十一面だけとっても、申しわけのようにのっけているものは少くない。そういうものは省いたので、取材した中の十分の一も書けなかった。昔、亀井勝一郎氏は、信仰と鑑賞の問題について論じられ、信仰のないものが仏像を美術品のように扱うのは間違っているといわれた。それは確かに正論である。が、昔の人のような心を持てといわれても、私達には無理なので、鑑賞する以外に仏へ近づく道はない。多くの仏像を見、信仰の姿に接している間に、私は次第にそう思うようになった。見ることによって受ける感動が、仏を感得する喜びと、そんなに違う筈はない。いや、違ってはならないのだ、と信ずるに至った。それにつけても、昔の仏師が、一つの仏を造るのに、どれほど骨身をけずったか、それは仏教の儀軌や経典に精通することとは、まったく別の行為であったように思う。

今もいったように、渡岸寺の観音のことは度々書いているので、ここにくり返すつもりはない。それは近江だけでなく、日本の中でもすぐれた仏像の一つであろう。特に頭上の十一面には、細心の工夫が凝らされているが、十一面観音である以上、そこに重きが置かれたのは当り前なことである。にも関わらず、多くの場合、単なる飾物か、宝冠のように扱っているのは、彫刻するのがよほど困難であったに違いない。十一面というのは、慈悲相、瞋怒《しんど》相、白牙上出相が各三面、それに暴悪大笑相を一面加え、その上に仏果を現す如来相を頂くのがふつうの形であるが、それは十一面観音が経て来た歴史を語っているともいえよう。印度の十一荒神に源を発するこの観音は、血の中を流れるもろもろの悪を滅して、菩薩の位に至ったのである。仏教の方では、完成したものとして信仰されているが、私のような門外漢には、仏果を志求しつづけている菩薩は、まだ人間の悩みから完全に脱してはいず、それ故に親しみ深い仏のように思われる。十一面のうち、瞋面、牙出面、暴悪大笑面が、七つもあるのに対して、慈悲相が三面しかないのは、そういうことを現しているのではなかろうか。

渡岸寺の観音の作者が、どちらかと云えば、悪の表現の方に重きをおいたのは、注意していいことである、ふつうなら一列に並べておく瞋面と、牙出面を、一つずつ耳の後まで下げ、美しい顔の横から、邪悪の相をのぞかせているばかりか、一番恐しい暴悪大笑面を、頭の真後につけている。見ようによっては、後姿の方が動きがあって美しく、前と後と両面から拝めるようになっているのが、ほかの仏像とはちがう。暴悪大笑面は、悪を笑って仏道に向わしめる方便ということだが、とてもそんな有がたいものとは思えない。この薄気味わるい笑いは、あきらかに悪魔の相であり、一つしかないのも、同じく一つしかない如来相と対応しているように見える。大きさも同じであり、同じように心をこめて彫ってある。してみると、十一面観音は、いわば天地の中間にあって、衆生を済度する菩薩なのであろうか。そんなことはわかり切っているが、私が感動するのは、そういうことを無言で表現した作者の独創力にある。平安初期の仏師は、後世の職業的な仏師とはちがって、仏像を造ることが修行であり、信仰の証しでもあった。この観音が生き生きとしているのは、作者が誰にも、何にも頼らず、自分の目で見たものを彫刻したからで、悪魔の笑いも、瞋恚《しんい》の心も、彼自身が体験したものであったに違いない。

一説には、泰澄大師の作ともいわれるが、それは信じられないにしても、泰澄が白山で出会った十一面観音は、正しくこのとおりの姿をしていたであろう。十一面観音は、十一面神呪経から生れたと専門家はいうが、自然に発生したものではあるまい。一人一人の僧侶や芸術家が、各々の気質と才能に応じて、過去の経験の中から造りあげた、精神の結晶に他ならない。仏法という共通の目的をめざして、これ程多くの表現が行われたのをみると、結局それは一人の方法、一人の完成であったことに気がつく。源信も、法然も、親鸞も、そういう孤独な道を歩んだ。渡岸寺の観音も、深く内面を見つめた仏師の観法の中から生れた。そこに、儀軌の形式にそいながら、儀軌にとらわれない個性的な仏像が出現した。その時彼は、泰澄大師と同じ喜びをわかち合い、十一面観音に開眼したことを得心したであろう。ものを造るとは、ものを知ることであり、それは外部の知識や教養から得ることの不可能な、ある確かな手応えを自覚することだと思う。

渡岸寺から高時川を遡って行くと、古橋という集落の高台に、与志漏《よしろ》神社が建っている。その裏手に新しい収蔵庫があって、もと己高山《こたかみ》にあった鶏足寺《けいそくじ》の仏像が集っている。己高閣とも呼ばれ、収蔵庫が本堂のようになっているが、本尊は平安初期の十一面観音で、渡岸寺の観音とはまた別な趣がある。いかにも田舎の仏らしく、おっとりとした風貌で、ほのかな彩色が残っているのが美しい。ほかにも多くの仏像が祀ってあるが、神像も十体ほどあり、その中には前章（元原稿のママ）に記した十一面観音や、猿の彫刻も交っている。ことに猿の神像は稀に見る傑作で、正統派の彫刻の裏に、民間信仰の大きな流があったことを物語っている。

己高山は古くから信仰された神山で、渡岸寺と同じく、泰澄大師が開き、伝教大師が再興したと伝える。湖北の古い寺は、どこでも同じような伝承を持っているが、それは近江に浸透していた白山信仰が、叡山に吸収されて行ったことを示していると思う。鶏足寺の神像でも、十一面観音（白山）と猿（日吉）が入交っており、湖北は両者の接点であったことがわかる。地形的にいっても、山伝いに行ける白山の方が、湖水をへだてた比叡山より、身近に感じられたのではないか。養老年間に、越前から大和へ上った泰澄は、湖北から、湖南の岩間寺、宇治田原の金胎寺へ、点々と足跡を遺している。おそらく彼はそれらの土地に滞在して、白山で感得した十一面観音を、神木に刻んで立ち去ったのであろう。それが世にいう「立木観音」のはじまりで、渡岸寺や鶏足寺の本尊も、最初はそういう素樸な姿であったと想像される。

鶏足寺から石道寺《しゃくどうじ》へ、雑木林の中を縫って行く小道には、湖北らしいしっとりとした趣がある。左手には、雪を頂いた己高山がそびえ、落葉を踏んで行くと、やがてその麓の山あいに、石道《いしみち》の集落が見えて来る。お堂はそこから少し登った岡の上の、桜並木の奥にあり、ここにも平安時代の可憐な十一面観音が、村の人々に守られて鎮まっている。「一木造り等身大の藤原彫刻は、まことに古様で、美しい。微笑をふくんだお顔もさることながら、ゆるやかに流れる朱《あけ》の裳裾の下から、ほんの少し右の親指をそらし気味に、一歩踏み出そうとする足の動きには魅力がある。法華寺や室生寺の十一面観音も、同じように親指をそらせているが、多くの人々の心をとらえるのは、あの爪先の微妙な表現にあるのではないか」

と、『近江山河抄』の中に私は書いているが、今度気がつくと、鶏足寺の観音も、足の親指をそらせており、当時の彫刻家が、十一面観音の「遊び足」の表現に、それぞれ苦心したことが窺える。その動きは、やがて来迎の思想を生む源泉となった。次第に絵画が彫刻にとって変り、二十五菩薩来迎の図や、山越の弥陀や観音の上に、自由に表現されて行く。こんなに数多く造られた十一面観音が、平安時代を最後に、突然衰微するのは、彫刻をはみ出すものがあったに違いない。厳密にいえば、それは奈良時代から、二百年足らずの間で、仏教が日本人のものとなる為に、大きな役割をはたしたといえよう。

それが復活するのは、ずっと後の元禄時代である。高野山の奥深く秘められた聖天信仰が、十一面観音を媒介にして、非常な勢で拡まったことは既に記したが、円空も多くの彫像を遺した。かつて伊吹村で、円空作の十一面観音に出会った時の感動が、私には忘れられない。それまで私は、世間の人がさわぐ程、円空に興味を持っていなかった。が、美濃や飛驒の山奥を歩いていると、至るところで彼の作品に出会う。そして、いわば円空信仰ともいうべきものが、ブームになるよりはるか以前から、地方に行渡っていたことを知ったのである。

美濃の郡上八幡では、骨董屋さんが、商売はそっちのけで、「円空さんを彫っています」といったし、飛騨では円空さんの木っ端仏が、土産物として売られていた。彼等には贋物を作る意識はなく、心の底から円空さんに傾倒しているという風で、その無邪気な姿は私に、強い印象を与えた。そこには円空の生き方が反映している、——漠然と、そんなことを思ったが、伊吹村の十一面観音を見たのは、その直後のことであった。

もと伊吹山の太平寺に祀ってあった仏像で、最近麓の村へ移されたという。それは作者の息づかいがじかに伝わって来るような、迫力にみちた観音像であった。円空の彫刻には、誰でもそういうことを感じるが、時には表に出すぎて、内面的な力に欠ける場合もある。が、この観音様はちがっていた。おそらく素材に制約されたのであろう、窮屈そうに肩をすぼめて、宝瓶をにぎりしめ、鱗形の天衣をまとった長身からは、鬱勃とした精気がほとばしるようであった。悲しいような、寂しいような微笑を浮べた表情にも、孤独な人の魂が感じられる。お腹を前へつき出して、腰をひねった恰好は、当人は「遊び足」のつもりだったかも知れないが、私には自然の樹木のよじれのように見え、十一面観音が誕生する以前の、「立木観音」を彷彿とさせる。この印象がそんなに間違ってはいなかったことを、背面の墨銘が裏づけてくれた。

桜朶花枝艶更芳　おしなべて
観音香力透蘭房　春にあふ身の
東風吹送終成笑　草木まで
好向筵前定幾場　誠に成れる
　　　　　　　　山桜かな

と記し、更に、「四日木切　五日加持　六日作　七日開眼　円空沙門　元禄二己巳年三月初七日　中之房祐春代」

と、造像の次第が書いてある。円空はその頃、太平寺の中之坊に身を寄せており、住職の祐春に代って、開眼供養を行ったのであろう。

漢詩も和歌も上手とはいえないが、眺めていると、桜の香りが馥郁とただよって来るような心地になる。三月はじめといえば、伊吹山の雪も消え、春風にさそわれて、桜の花が一斉に咲き乱れたであろう。円空は、花吹雪につつまれて、自然と渾然一体となり、桜の木の中に、十一面観音が現れるのを、その眼で見たに違いない。芸術家の本能は、彼を制作に駆りたて、一日にして観音の像は成った。成ってみれば、開眼供養などは、どうでもよかったかも知れない。彼にとっての修行とは、仏を造ることであり、それが信仰の姿でもあったからだ。

円空は寛永九年(一六三二)、美濃の安八《あんぱち》郡中村に生れた。現在の羽島市上中町で、前章(元原稿のママ)に記した神戸《ごうど》の日吉神社から遠くはない。木曾川と長良川にはさまれたデルタ地帯は、昔から洪水に見舞われることが多く、伊吹おろしがまともに吹きつける荒野であった。荒子観音堂に残る彼の伝記(浄海雑記)には、美化して書いてあるけれども、実は出生もわからぬ程みじめな幼時を送ったらしい。十九歳の時、大洪水で母を失い、直ちに在所の寺へ入って剃髪した。が、間もなく彼は出奔する。研究家の説では、烈しい恋をした為というが、ほんとうの所はわからない。何物かに追われるように、一生旅をしつづけた円空には、「一所不住」ということが、持って生れた資質ではなかったか。そう考えた方が自然なように思われる。

彼がどこで修行し、彫刻をはじめたか、それもまったく不明である。が、徳川時代に一介の私度僧として、諸国を遍歴するのは、よほど困難なことであったに相違ない。大方、野宿したり、信心ぶかい人々の情にすがって、命をつないだと想像される。彼のほんとうの師匠は、そういう人達であり、そういう生活の中に、おのずから会得するものがあったのだろう。不羈奔放な作品を見る時、それらが彼の独創から生れたものであり、彫刻は彼にとって、呼吸するのと同じくらい自然なものであったことがわかる。独創といっても、仏教の儀軌にはずれたものは一つもなく、神像の中には、平安初期の作と、見紛うばかりのものも少くない。美濃美並村の神社にのこる八幡大菩薩像、各地の白山神社の神像などがそれである。そういう作品に接すると、円空には現代人が喜ぶような自由さも独創性もなく、正直に約束にしたがって、独自のものを生み出していることに気がつく。その点、円空は誤解されているのではあるまいか。世上の人気には、いつも誤解がつき物だが、生前でも理解する人は少かったであろう。俗に「円空の微笑」と呼ばれる悲しげな笑い、いらだたしい忿怒相の鉈の跡は、世間へ対する抵抗と批判の現れであったかも知れない。

円空が、むしろ保守的な人物であったことは、彼の足跡を辿ってみても想像がつく。東北の恐山、北陸の白山（この中には美濃と飛騨の白山社もふくまれる）、日光、伊吹山、吉野、熊野と、いずれも古い伝統のある神山である。北海道の遺跡は、土地の人々が「霊場」と呼んでいる、遊行僧のたまり場で、あてもなく放浪していたわけではない。その殆んどが古代からの霊山であるのをみても、修験道の山伏を志していたように見える。というより、修験道以前の、山岳信仰に、心のより所を求めたのではなかったか。当時は既成の仏教宗団ばかりでなく、山伏も、遊行僧も、堕落を極めており、ひたむきな求道者の救いとはならなかった。彼はどこにも長くは居たたまれず、生きたしるしに、彫刻を残して去って行く。その間に、自力独行の精神は、いよいよ強く、深く、かためられて行ったであろう。

円空が求めたのは、古えの聖《ひじり》の道、行基や泰澄の初心へ還ることであった。元禄時代は、日本の文芸復興期といわれるが、一介の旅の彫刻師として、彼もまたそういう精神に目ざめた人物の一人である。円空の新しさはそこにある。けっして無邪気な自然児でも、素樸な彫刻家でもない。その生涯について、私は知る所が少いし、作品もわずかしか見ていないが、わずかな作品でも、強烈な個性に出会うのに不足はない。実のところ、私の心を打ったのは、伊吹山の十一面観音のほか数点しかないが、それで充分だと思っている。

その一つに、荒子観音堂の歓喜天がある。歓喜天とは聖天様のことで、男女の象頭人身の神が抱擁しており、左の象の頭に、飾りのようなものが見えるが、十一面観音の化身であろう。印度には古くからあった民間信仰だが、日本では鎌倉時代からはやりはじめ、今でも十一面観音を本尊とする寺には、聖天様を祀っている所が多い。中でも生駒の宝山寺は、円空と同時代の湛海によって創立され、現世利益をもって一世を風靡した。円空も庶民の要求に応じて、異形の仏を彫ったのであろう。たしかにそれは奇怪な姿であるが、私が見た歓喜天の中では、一番美しい。鎌倉時代の彫刻は、あまりに写実的で、卑猥なものが多いが、ここには性の歓喜を超越したやさしい安らぎがある。現代彫刻の中でも、男女の交りをテーマにして、このように爽かな作品は見たことがない。その単純な造型は、並々ならぬ手腕であり、彫刻の、いや人間のはじめの姿に出会ったような感じがする。

それは鶏足寺の十一面観音や、猿の神像に共通する、一種民話的な美しさである。円空は、地方の神社で、そういう彫刻にめぐり合い、自分も同じ道を歩む決心をかためたのではないか。そういう意味では、旅の彫刻師の流れを汲む、最後の一人であったといえよう。

初期の作品に、神像が多いのも、手本をそこに求めたことは確かであり、次第に神から仏へ目覚めて行く。その作品が、一見無秩序に見えるのは、神仏混淆の歴史を、身をもって体験したからで、彼が辿った道の複雑さ、困難さを示していると思う。

北アルプスに近い金木戸には、「今上皇帝像」という作品がある。やはり神像の一種であるが、伊吹山の十一面観音より一年後の、元禄三年に彫ったもので、「飛驒で一万仏、全国で十万仏」造った、と記してあるという（谷口順三「円空」）。一生のうちに、十二万体彫る誓願をしたと伝えるのは、たぶんそこから起ったのであろう。それにしても、十二万というのは驚くべき数で、天才でなくてはなし得ることではない。一々作風に構っている暇なぞなく、神仏がごちゃまぜになったのも止むを得まい。

飛神の剣のかけはひまもなし

守る命はいそきいそきに

これは「信貴山縁起」の「剣《つるぎ》の護法童子」によせた歌であるが、仏教が衰退した時代に、彼は自ら護法神となり、剣を鉈にかえて、仏法を守ろうとした。時には善財童子となって、諸国を巡礼し、時には鉈をふるって、自分の邪念を断ち切ったこともあろう。それらすべての作品に、私達は、「いそぎいそぎ」の足音を聞き、「飛ぶ神」の命が刻まれて行くのを見る。円空の彫刻の稚拙を喜ぶ前に、私達はその一途な求道心に想いを到すべきだろう。

飛驒の奥、丹生川村からは、白山連峯がくまなく遠望される。円空が若い時から、しばしばおとずれた山村で、そこの千光寺に祀ってある群像は、一つのマスとして眺めると、中々美しい。が、「聖観音」としてあるのに、化仏も宝冠もなく、両手を袖の中にかくして、直立した姿は、どうみても神像としか思えない。烏帽子をかぶったようなのも、五輪塔の頭みたいなのも交っている。地元の人に聞くと、昔は百姓が病気になった時、この観音様を持ち出して、枕元に置き、呪いや祈禱を行ったそうで、数にはしじゅう出入りがあった。現在は四十体近く残っているが、そういう習慣をみても、円空の信仰が、山の奥へ行けば行く程、深く浸透していたことがわかる。

この群像は、彼の晩年に造られたが、その頃になると、神仏の区別などどうでもよくなったに違いない。技法は極端に省略され、神も仏も木の魂のようなものに還元してしまう。いわゆる木っ端仏との違いは、巧くいえないが、神像の雰囲気があることと、小さいながら重厚な形態を備えていることだろう。性急な息づかいも、駆け足の騒々しさも、もうそこにはなく、粉雪の降りしきる中に、森々と立つ雑木林の静けさがある。円空はついに木彫の原点へ還った。いや、日本の信仰が発生した地点に生れ返ったというべきか。

イクタビモタヘテモ立ル法ノ道
九十六億スヱノ世マデモ

そういう歌を方々の寺に遺して、彼は故郷の美濃へ帰って死んだ。現世利益を目的とし、貧者の救済に力をつくした円空は、あれ程多くの仏像を彫りながら、私の知るかぎりでは、弥勒菩薩だけ造ってはいない。が、この歌から察すると、彼の理想は、私達が想像するより、はるかに遠く、高いところにあったような気がする。

円空の墓は、関市の弥勒寺にあり、「当時中興　円空上人　元禄八乙亥天七月十五日」と刻んであるだけで、彫刻に関しては、ひと言もふれてはいない。

（『芸術新潮』一九七五年三月号）

日本の橋

京都の骨董屋さんで、うれしい買物をした。まだ表具もされていないうちわ絵で、暗緑色のバックに、白木の橋が描いてある。ただそれだけの単純な構図だが、さざなみの立つ水面を、さわやかな風が吹きすぎるような感じがする。家へ帰ってよく眺めてみると、無地だと思っていたバックに、銀泥で波が描いてあり、その銀がやけて群青の水にとけこみ、黒とも緑ともつかぬ不思議な色彩をつくり出している。橋桁と、橋板の線も、軽快でいて力強い。この大胆でしかも緻密な手法は、室町末期か桃山のはじめ、光悦や宗達によって、日本の文様が完成される以前の作に違いない。後に私は光琳の同じ図柄のうちわ絵を見、橋を描くことが伝統的に行われていたことを知った。さすがに手馴れた美しい絵であったが、前者にくらべると様式化されており、いかに光琳の天才をもってしても、作者不詳の原型に遠く及ばないものがあると思った。

それから一年あまり、私はあかずこの絵を眺めていた。何といっても動かしがたいのはその構図で、楕円型のうちわの真中を、やや左下から右上へかけて、大きく橋で仕切ってある。眺めていると、ゆるやかな橋の線が、うちわの外へどこまでものびて行き、ついには天へ達するように見えた。水は紺碧の空と化し、橋はいつしか虹に変って、そこに「天の梯立」という言葉が浮かんだ。勿論そんなことは私の空想にすぎない。が、たとえ空想にせよ、日本の橋とはそういうものではないか。この考えは一瞬私を驚かせたが、夢の浮橋、うたたねの橋、かささぎの橋、といったような名前が次から次へと現

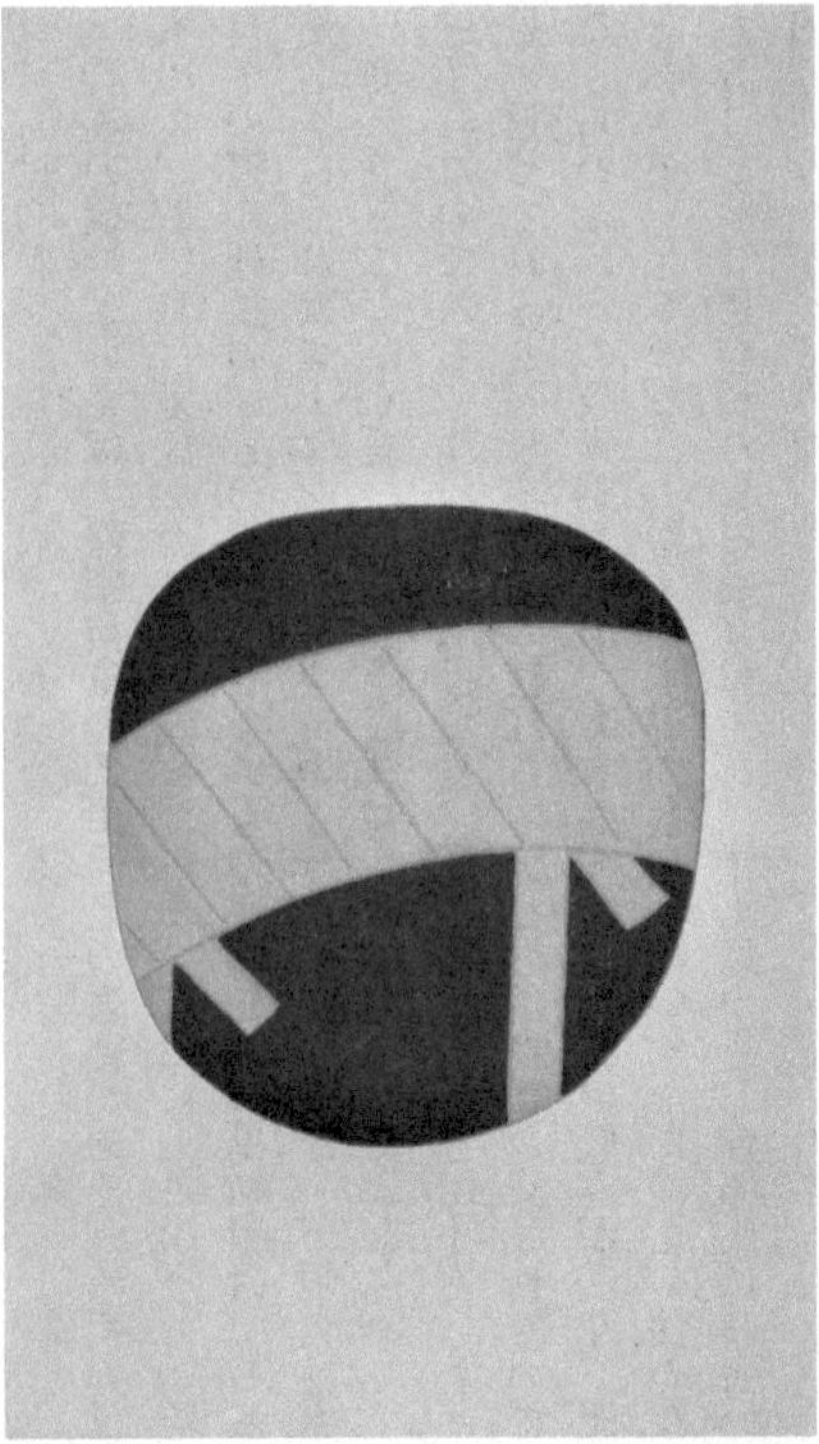

橋図うちわ絵(撮影:藤森 武)

れ、もはや私をとらえて放さなかった。

「日本の橋」といえば、保田與重郎氏に同名の著書がある。昭和のはじめ頃出版されたもので、若い時、愛読したことを覚えている。そこにもこのうちわ絵のような橋、——自然の道の延長の如きそこはかとないものが、日本の橋の宿命であると書かれていた。たしかにそれはローマン・ブリッジのように頑丈ではなく、恒久性もない。そのはかない美しさをこよなく愛し、保田氏はロマンティックな文章を書いて、当時の若い人々を魅了したのである。当時だけではなく、現代にも充分通用する名著といえよう。が、今思い返してみると、日本の橋の哀れさ、美しさは書きつくされていても、このささやかなうちわ絵ほどの現実感もない。もしかすると、私の読みが浅く、記憶が薄れたせいもあろうが、今そのことに深入りするつもりはない。ただ、恒久性のない、無常なものであることは、長く私の心に残り、先日、建築家の谷口吉郎氏にお会いした時、ふと思い出してうかがってみた。

先生の答えは極めて明快であった。ひと口にいえば、日本の橋は流れるように造ってある。というと、誤解を招くかも知れないが、何かの時に、流れてもさし支えないように出来ている。日本は国土がせまい上に、山が近く、そこから流れ出る川は急流であることが多い。したがって、あまり丈夫な橋をかけると、洪水をひき起すおそれがあり、昔の人は経験から、そういうことを知っていたというのである。

そういえば、数年前の狩野《かの》川の洪水も、立派な橋を造りすぎた為に、上流から材木や家が流れて来て、橋桁にひっかかり、橋はびくともしなかったのに、思わぬ惨害を招いたと聞いている。工事にたずさわる技術家が、流れるのを目的に造る筈はないが、流れるのを覚悟して造ったことは想像がつく。見かけは軽く、みすぼらしい日本の橋は、実はそういう智恵によって、根底から支えられていたのである。

だから日本には古い橋がない、歴史もないと、谷口さんはいわれた。専門家のいう歴史や資料には欠けるかも知れないが、橋を描いた美術品や文学は枚挙にいとまもない。このうちわ絵の作者も、無意識のうちに、源氏物語の「夢の浮橋」や、「宇治の橋姫」を胸に浮べて描いたであろう。今出来たてのように新しく見えるのも、その経て来た歴史を語っており、技術家が残さなかった記録の間隙を埋めてあまりあるように思われる。

遡って考えれば、それは一代ごとに新しい京《みやこ》を造り、二十年目に新築される伊勢の遷宮にも通ずる思想で、建てかえるところにその特徴と意味がある。谷口さんは、日本の橋はお箸と同じもので、ナイフとフォークと比べてみたら判るといわれたが、使い捨ての文化は、すでに上古から存在したのであり、こわれやすいから私達は大切にし、消え行くものの中に美を見出した。橋を造る時は、人柱まで立ててその安全を祈ったのである。

天の橋立

伊弉諾尊、伊弉冉尊、天の浮橋に立たして、共に計ひて曰はく、底下《そこつした》に豈国無けむや（日本書紀）

国生みの神話が、たとえ架空の物語であろうと、橋にはじまることは注意していい。それは天上と地上を結ぶ橋、神と人との仲立ちであった。昔の人々は、空にかかる虹を見て、「天の浮橋」という言葉を創造したのかも知れない。やがて皇孫ニニギノ尊は、天の浮橋から高千穂の峯に降臨し、コノハナサクヤヒメとまぐわいをする。ここでも橋は男女の仲を取持つが、その後もしばしば高天原との往来に用いられ、用いられるうちに定着して行った。記紀に現れる橋は、ハシゴかハシラか、判然としないところがあるが、いずれもハシから出た言葉で、伊勢神宮の「真の御柱」も、天上に通じる橋なら、御所のきざはしも、殿上へ登る階段であった。

かささぎの渡せる橋におく霜の
白きをみれば夜ぞふけにける　大伴家持

百人一首で有名な「かささぎの橋」は、はじめは牽牛・織女の相会う橋、――天の川をさしていたが、転じて男女を結ぶ橋渡しの意味となり、三転して宮中のきざはしを呼ぶようになった。「平家公達絵」は、かささぎの橋を独占した一族の、嵐の前の静けさを現しているように見える。厳島神社にも、瀟洒な橋がいくつもかかっているが、「厳島松島」の屛風絵を見る時、回廊をめぐらした建築全体が、弥山へ至る梯立の構想に出ていることは疑いもない。

日本三景の一つ「天の橋立」は、対岸の籠《この》神社へつづく参道であるが、古くは「天の浮橋」と呼ばれていた。雪舟筆の「天橋立図」は、風景画ではなく、山水曼荼羅の一種と見るべきだろう。橋立の全景を、北側から俯瞰して描いたもので、実際の向きとは反対になっているが、そんなことは問題ではない。横長の画面を区切って、一本の長いハシラが、右の岸から向う側の入江へ、生きもののように伸びて行く。それは男女の神が求め合う姿のようでもあり、また天の沼矛《ぬぼこ》をもって、海原を探っているようにも見える。土地に伝わる伝説では、天上に住むイザナギが、地上のイザナミのもとへ通った時、そのハシゴが倒れて、橋立になったといわれており、橋と梯子はここでも混同されている。そこに日本語のあいまいさを見るより、私は古代人の想像力の豊かさを想いたい。

成相山に登った時、私もおきまりの「股のぞき」をやってみた。その日はいいお天気で、逆様に見る与謝の海は、空と水とが一つになり、その真中に天の橋立が、天に沖してそびえていた。その時私は、天《あま》と海《あま》がひとつづきのものであることを、実感をもって知ることを得た。籠神社も、海人部の人々が祀った神で、大陸と自由に交通していた時の記憶が、このような伝承となって遺ったのであろう。天と海とがつづいていたように、橋と船の間にも、さしたる区別はなかったと思う。和布刈《めかり》神社では、今でも船を並べて島へ渡る神事が行われているが、そのお祭りは、鰐の背を渡った白兎の伝説を思い出させる。実際にも、最初に出来た橋らしい橋は、船を横に並べた上に、板を渡しただけのもので、文字どおりの「浮橋」であり、「船橋」であった。

人工の橋がもろいように、天の橋立の風景も、繊細を極めている。いつかテレビで聞いた話では、何万年もの昔から、大江山あたりの花崗岩が少しずつ崩れて白砂となり、波に打ちよせられて出来たのが、今の橋立であるという。この現象を「漂砂《ひょうさ》」と呼ぶことも、その時知った。そのままにしておけば無事であったのに、近代的な港と防波堤を築いたために、砂が運ばれて来なくなり、ただささえもろい橋立は痩せ細って行った。現在はトラックで砂を運んで埋めていると聞くが、苦労なことである。だからといって昔に返せとはいわないが、日本の場合、自然と闘うより和合することを、故人の智恵はくり返し教えてくれる。

夢の浮橋

「夢の浮橋」は、源氏物語宇治十帖の巻名で、その発想が、「天の浮橋」に出ていることはいうまでもない。

二人の男に懸想されて、思いあまった浮舟は、宇治川に身を投げようとしたが、横川の僧都に救われて、小野のあたりに人目をしのんでいる。そこへ薫大将の使がたずねて来る。浮舟の心は千々に乱れるが、変りはてた姿を羞じて、対面もせずに帰してしまう。水のまにまにただよう浮舟といい、幻のような契りといい、「夢の浮橋」の名にふさわしい終末である。「夢ははるかに見ぬさかひも行帰る道あり、又橋は道もなき水の上にも道をなす心あるをもて名付侍るにや」と、湖月抄が説いているのは、夢も橋も、王朝の人々にとって、目に見えぬ糸でつながっていたことを示している。

昨年（昭和五十一年）の春、京都博物館で、源氏物語の美術展があり、「夢の浮橋」と名づける盆石を見た。概して盆石とか水石のたぐいを私は好まないが、その美しい姿には心をひかれた。石は中国産のもので、一尺にも満たぬ置物だが、よく見るとわずかに底が浮いており、いい味の石肌が、白砂に反映して、微妙な色に染っている。伝世の美術品には、代々持っていた人の愛情がこもっているというか、魂がうつっているというか、不思議に人肌めいた暖かみが感じられる。それもその筈、これは鎌倉時代の名石で、後醍醐天皇が愛蔵され、笠置から吉野まで肌身離さず持ち歩かれたという。石底に記された銘も、天皇の宸筆《しんぴつ》と伝えられ、逃亡にあけくれる人生を「夢の浮橋」にたとえられたのであろう。後に足利将軍の所有に帰し、現在は徳川黎明会が保管しているのも、転変常なき橋の宿命を物語っている。なおこの盆石は、明代初期の青銅の香炉に乗り、更に立派な卓子の上に置かれているが、要らざる装飾である。が、そういうものは殆んど目に入らぬほどこの石は静かで、後醍醐天皇の悲しみと、肌のぬくもりを、永遠に伝えているようであった。

「夢のかよひ路」、「夢のただぢ」という詞《ことば》は古今集にもあるが、「夢の浮橋」は源氏の作者の創作であろう。神代からの歴史を持つ橋と、夢現《ゆめうつ》つの世界が、一つにとけ合った熟語に、王朝の人々が魅力をおぼえなかった筈はない。「夢の浮橋」の思想は、新古今集に至って、頂点に達する。

春の夜の夢の浮橋とだえして
嶺にわかるるよこ雲のそら　　藤原定家

心は夢のうちにありながら、目はさめ切っている。時代もちょうどそういう転換期に当り、定家もそういう人間だったに違いない。吉野山を詠んだわけではないが、花か雲か定かならぬしののめの空に、きぬぎぬの別れを惜しむ人の想いがたゆたう。ためしに角川版の古語辞典をひらいてみると、「夢の浮橋」は吉野川の名所で、夢の淵《わた》にかかる橋としてある。それだけを頼りに、私が吉野をおとずれたのは、つい先週のことであった。町役場の桐井さんという方が案内をして下さった。上市から宮滝へ遡ったところ、象川《きさ》と吉野川が合流して、大きく迂回する地点に、たしかに「夢の淵」はあったが、「夢の浮橋」がかかっていた事実はなく、「うたたねの橋」の誤りであるらしい。義経が吉野を落ちる時、うたたねをしたというその橋も、現在は鉄橋に変っている。

桐井さんは、折角東京から来たのだからといって、私を桜木神社へ連れていって下さった。その参道にかかる屋根橋が、かつての「うたたねの橋」に似ているという。夢の淵を右に見て、吉野川を渡り、象川にそって登って行くと、やがて左手の山中に、桜木神社が見えて来た。早春の林の中に、ひっそりと鎮まる社は美しく、檜皮葺きの小橋も、奈良絵を見るように愛らしい。すべては古語辞典の誤りから出たことで、「夢の浮橋」も、「うたたねの橋」も、しょせん幻の橋にすぎなかったが、私は心の底から満ち足りた思いがした。吉野で生れた桐井さんは、さすがに橋についてくわしく、鉄橋がかかる以前は、丸太を組んだ橋があり、嵐が来ると、ロープで岸へたぐりよせて、流れるのを防いだという話も面白く聞いた。そういう話に耳をかたむけつつ、暮れなずむ吉野の山を眺めていると、橋は山人と市人の出会う所だったという、折口信夫の説が思い出される。帰りは吉野から芋峠を越えて、飛鳥へ出たが、飛鳥川にかかる「かんじょう縄」も、吉野へ行った後では、正しく神が山から人里へ降りて来る橋とうつった。それが、陰陽の形を現していることも、男女の神が相会う接点であることを暗示していた。「夢の浮橋」は吉野には存在しなかったが、京都の市中では見た覚えがある。ただし、欄干だけの夢の浮橋で、神木のように周囲を石の柵でかこみ、東山近辺のごみごみした裏町に立っていた。土地の人に聞くと、ここは昔、泉湧寺へ通じる参道で、町名も泉湧寺町五葉の辻という。お寺はそこから国道をつっ切った東山の麓にあり、四条天皇をはじめ、多くの天皇・皇后陵が集っている。当時の人々は、葬儀の行列が通る度に、この世の無常を感じ、「夢の浮橋」の名を与えたのであろう。昔をなつかしむ気持はわからなくはないが、うらぶれた小路に、ぽつんと残るその遺構は、絶えて久しい王朝の夢の跡を、いたずらに曝しているように思われた。

鉄斎が描いた「通天橋」は、ここから程近い東福寺の境内にある。本堂から開山堂へ向かう渓流にかかっており、紅葉の頃は特に美しい。この橋は秀吉の命により建立されたもので、回廊のつづきのように造ってあり、中央に舞台がある。鉄斎は、ここで酒盛をする人々を描いたが、眺めていると紅葉が散り、水音が聞えて来て、酔っぱらったような気分になる。名実ともに、それは天に通じる橋で、此岸から彼岸へ渡る喜びにあふれており、鉄斎もまた日本の橋を復興した天才の一人であったことを語っている。

佐野の舟橋

上毛野《かみつけぬ》佐野の舟橋取り放し
親は離《さ》くれど吾は離《さか》るがへ　（万葉集）

「佐野の舟橋」には、二説あって、栃木県の佐野とも、高崎の上佐野ともいわれている。後者の方には、万葉の歌碑が建っていて、川向うの小坂山の麓に、舟のくさりをつないだという杭が遺っているが、元よりほんとうの所はわかってはいない。

一首の意味は、佐野の舟橋をとりはずすように、親が恋人との間をさこうとしても、わたしはけっして離れはしないというのだが、情熱的な歌の調べは長く人々の心をとらえ、「佐野の舟橋」といえば、男女の仲を暗示する詞と化し、歌枕となって後世に伝わった。

東路の佐野の舟橋かけてのみ
思ひ渡るを知る人のなき　（後撰集）

光悦は、この歌をもとに、みごとな硯箱を創作した。蓋にふくらみを与えて、橋の形とし、金蒔絵で波を描き、舟を浮べた上に、鉛の橋を渡した。更にその上に、「東路のさのの」という文字を書き、「舟橋」は絵にゆずって省略したのは、胸のすくような意匠である。「かけてのみ」以下の下の句は、散らし書きにしてあるが、真中を橋で仕切った構図といい、丸味をおびた姿といい、先に記したうちわ絵を立体化したものに他ならない。そこでは和歌と蒔絵が仲よく同居しており、どちらも自分を主張してはいない。和歌の本歌どりも、文学の工芸化も、縦に横につながるものでありながら、異質の美しさを表現している。

能舞台の「橋掛《はしがかり》」は、橋殿から発達したといわれるが、それは神が渡る橋であり、時には物狂いや幽霊が登場する。いずれも別の世界からおとずれるまれびとで、そこでは「道行」を舞い、「一声《いっせい》」が謡われる。どんな名人に聞いても、橋掛を出る時が一番苦しいそうで、舞台へ入るとほっとするという。楽屋から舞台へ入る間に、現実の人間から霊界のものへののりうつりが完成するからだ。正確にいえば、楽屋で装束をつけ、鏡の間で面をつけている中に、次第に精神が統一され、「オマーク」と声をかけると、幕があがり、目の前にひとすじの白い道が開ける。この世の時間は消え、見知らぬ世界へそうして一歩踏み出して行く。見巧者が正面からではなく、ワキ正面で見物するというのも、舞台に入ってしまえば勝負はついたのも同然だからである。別の言葉でいえば、橋掛は、お能にとっての「通天橋」であり、たとえ生霊や亡霊といえども、舞台の上では、成仏得脱させずにはおかない。仏教の影響をうけているのは争えない事実だが、底を流れているのは、依然として、「天の梯立」の思想である。

橋掛が重要な位置をしめるから、しぜん橋を主題にした謡曲は多い。「石橋《しゃっきょう》」の橋は、文殊の浄土の結界をあらわし、「橋弁慶」では、舞台全体を橋に見立てて、弁慶と牛若丸が渡り合う。

中でも「船橋」は、哀れの深いお能である。万葉の歌をもとに作曲され、和歌から物語へ、更には芸能へと展開して行ったことを示している。「中楽談儀」には、「佐野船橋古風有」と記され、世阿弥が古曲を改作したのであろう。ワキは熊野から出た山伏、シテとツレは男女の幽霊である。

昔、上野の佐野に住む男女が、夜な夜な橋の上で会っていたが、両親が橋板を取りはずしたので、二人は川に落ちて溺死した。「さらば沈みも果てずして、霊《たましひ》は身を責むる心の鬼と成変り」、おそろしげな姿となって憶い出の舞を舞い、山伏の功力《くりき》によって、最後には成仏する。筋書は単純だが、夢の浮橋から葛城の岩橋、三途の川の橋柱に至るまで、日本の橋のすべてをよみこんでいるのは、あたかも橋供養の観を呈する。歌詞だけではない、ワキは男女を彼岸へ導く橋となり、作者は舞台と観客を結ぶ橋と化す。世阿弥が「古風有」といったのは、「橋づくし」を謳いあげることにより、古人の、そして自分自身の魂を救おうとしたのではあるまいか。

宇治の橋姫

「橋姫」と呼ぶ能面は、「海人《あま》」の竜女、「鉄輪《かなわ》」の後妻打《うわなりうち》、稀には「山姥《やまんば》」の白頭《しろがしら》（小書）などに用いる。般若の系統だが、角はなく、半分鬼に変身した女である。万葉の相聞歌が、現実の哀話に発展したように、橋姫も長い年月をかけて、凄まじい表情を持つに至った。が、元はといえば、美しい女神で、平安朝の文学は、当初の面影を伝えている。

さむしろに衣かたしき今宵もや
我を待つらむ宇治の橋姫　（古今集）

橋姫の伝承には、宇治神社の神が、姫大明神のもとに通い、「その帰り給ふ時のしるしとて暁殊に宇治川の波のおびたたしく立つ音のする」という言伝えがあり（袖中抄）、この歌に反映していることはいうまでもない。はし姫は愛《は》し姫に通じるからで、可愛い女と解すれば、意味がはっきりする。降って源氏宇治十帖では、女神が人間の女に転身する。浮舟ばかりでなく、宇治の姫君には三人とも、「人待つ女」の俤《おもかげ》があり、橋姫の化身のような姿をしている。

宇治橋を渡って、西側に行くと、町中に橋姫神社のささやかな祠が建っている。はじめは橋の中ほどの「三の間」に祀ってあったのを、明治初年の洪水に流され、現在の地に移したと聞いている。秀吉が茶の湯の水を汲んだという「三の間」は、上流に向って、一間ほど張りだして造ってあるが、橋を築いた時からの守り神であったに相違ない。橋姫神社は、宇治にかぎるわけではなく、瀬田川にも祀ってあり、通行人が捧げた和銅開宝が、しじみ取りの漁夫によって、大量に発見されることがあるという。橋には必ず橋姫を祀り、橋銭を供えるのがしきたりであったらしい。「橋姫」の銘をもつ志野茶碗にも、片方には橋、片方には社を描いて、橋が神聖な場所であったことを示している。橋を造る時は、人柱を立てて、工事の安全を祈ったが、そういう犠牲者と、水死人も併せて祀るのが、平安時代の橋姫神社ではなかったか。そうして橋守の神は、次第に畏るべき荒神に成長して行った。平家物語剣の巻は、左のような逸話を伝えている。

嵯峨天皇の時代に、ある公卿の女が、夫に捨てられたので、貴船の宮に籠り、生きながら鬼と化して、夫を呪い殺さんと誓った。貴船の神のお告げでは、宇治川に二十一日の間つかれば、鬼になれるということで、顔に丹を塗り、頭に金輪を頂き、松明を口にくわえて、宇治川の水につかっていると、満願の日にほんとうの鬼に変身した。これを「宇治の橋姫」というと記しているが、そこには宇治川でみそぎをして、神がかりになった巫女の狂態が投影している。お能の「鉄輪」は、その後日譚ともいうべきもので、鬼になった女が、貴船の宮に丑の刻詣でをし、あわや夫を殺すところまで行くが、安倍晴明に妨げられ、望みを果せず退散してしまう。

安倍晴明が唐突と現れるのは、違和感を与えるが、彼も橋とは関係の深い人物であった。その邸宅は、京都の一条戻橋のかたわらにあり、職神《しきじん》を手足の如く使ったが、妻がおそれるので、常は戻橋の下に封じこめたといわれる。職神は、式神とも書き、陰陽師が使役する妖霊で、後世の忍者のような存在ではなかったろうか。橋の下に封じられたというのも、後世の河原者を聯想させる。歌舞伎の「戻橋」にも鬼が出て来るが、多くの不思議が起る場所として知られており、未だに京都では「戻橋」の名を嫌って、婚礼の行列や縁談の交渉にはさけて通るという。

話を元に戻して、その後宇治橋は、しばしば戦乱の巷となった。その度ごとに橋は落され、その度ごとに新しく建てられた。

「頼政」の能も、橋が中心をなしており、源氏と平家が相対して、華々しく戦う場面を展開する。「橋合戦」を描いた絵巻や屏風は多いが、これが宇治橋かと驚くほど手軽な橋がかかっている。洪水に流されるだけでなく、切って落すためにも、日本の橋は頑丈でない方がよかったのかもしれない。

頼政が切腹した平等院の「扇の芝」は、そのまま彼の墓どころとなっている。平等院をおとずれる人は多いが、橋姫神社を知る人は少ない。明治時代の合理主義が、用なきものとして、片隅に押しやったからである。その寂しい姿は、永久に「人待つ女」の宿命をかこつかのようで、菟道稚郎子《うじのわきいらつこ》以来の宇治の悲劇を象徴している。

ちはやぶる宇治の橋守なれをしぞ
あはれとは思ふ年のへぬれば　（古今集）

橋づくし

近松の「心中天の網島」には、「名残の橋づくし」という道行がある。小春・治兵衛が死を決して、網島へ落ちて行く道すがら、難波の橋を次から次へと渡る。

天神橋はその昔、菅丞相と申せし時、筑紫へ流され給ひしに、君を慕ひて太宰府へ、たつたひと飛び梅田橋、跡追松の緑橋……

うきうきした調子は、これから心中する人達とは到底思えない。橋を渡る度ごとに、「此の世でこそは添はずとも、未来は、いふに及ばず今度の今度の、ずつと今度の、その先の世まで夫婦ぞや」という信念をかためて行く、橋はここでも恋の仲立ちをつとめるが、心中などということは、外国人には理解できないであろう。英語には、自殺という言葉はあっても、心中はない。だからダブル・スイサイドなどという。だが、小春・治兵衛は二人の人間ではなく、ここでは一つに凝結している。「橋づくし」という形式によって、未来永劫結ばれている。それは形式というより、神代以来の伝統と呼ぶべきだろう。

日本の橋を語るなら、「三河の八つ橋」も忘れてはなるまい。伊勢物語には、「そこをやつ橋といふ事は、水のくもでにながれわかれて、木やつわたせるによりてなん」と記してあるが、そういう橋をもっともよく現しているのは、サントリー美術館の「扇の絵づくし」であろう。極め書には、「世に後土御門天皇勾当内侍の筆と伝へる」とあり、素人の手になったことは先ず間違いがない。「行すゑのながき契とたのまれずみはうきはしのたえだえにして」という歌がそえてあるのも、そこはかとない橋の姿にふさわしい。

同じ絵巻物に、「かささぎの橋」もある。扇面を三つ四つ散らした中に、鳥と橋を描き、別の扇に笹の葉と筆を置いて、七夕を匂わしている。下の方には、「天のがはあふぎの風にきりはれて、空すみ渡るかささぎの橋」という歌が散らし書にしてあるが、この絵巻物のほんとうの美しさは、部分だけ見たのではわからない。全体を通して鑑賞する時、軽やかな群舞を眺めるように快く、絵巻物は時間の芸術であることに気がつく。一応奈良絵の部類に入ると思うが、本格的な絵画とは別に、こういう素人絵を生んだ室町という時代に私は興味を持つ。やがてその中から、琳派の錚々たる人物が現れる、そういうことを予感させるものがあるからだ。

宗達の「源氏みをつくし屛風」、光琳の「八つ橋の手箱」、同じく乾山の「八つ橋の絵皿」などは、こと新しく紹介するにも及ぶまい。源氏物語の世界は、絢爛たる金と緑に彩られ、伊勢物語の八つ橋には、かきつばたが咲き乱れる。が、何故か私は「扇の絵づくし」の初々しさに心をひかれる。伊勢物語の旅情がにじみ出ているからか、昔男の哀れに抗しがたいのか、日本の橋の美しさはこの扇絵に極まると思う。

日本の橋がみすぼらしいのは、材料の関係もあるに違いない。石の豊富な近江では、日吉神社の大宮川に、みごとな石橋が三つもかかっている。やはり秀吉が寄進したものだが、いずれも石材を用いたというだけのことで、実質的には木造の橋と何の変りもない。数年前の台風では、三つとも流れて、日本の橋のもろさを立証した。が、また忽ち改修されて、清らかな姿に復活しているのも、日本の橋の構造の単純さを物語っている。

その原型ともいうべき石橋に、最近私は出会った。飛鳥園の小川光三さんに案内して貰い、奈良から吉野へ向う途中にあった。高円山《たかまど》の裏へ廻ると、榛《はり》から名張を経て行く伊勢街道に出るが、橋は南田原という山村の小川にかかっていた。

かたわらに鎌倉時代の笠地蔵が立っており、一見貧相な石橋だが、よく見ると、しっかりした彫刻がある。こちら側に社らしいものを彫り、向う側は、網目文様の上に、

「奈良 二月」と刻まれている。そそっかしい私は、「二月堂」かと思ったが、「堂」の字が消えた形跡はなく、村の人に聞いても、何を意味するのかわからない。が、社が彫ってあるのは、おそらく橋の守り神を現しているに違いない。橋を渡ると、古墳のような塚があり、その上に多くの墓が並んでいる。わずかに知ったのは、ここでも橋があの世とこの世をへだてていることと、川の名を「白砂川《しらす》」ということだが、のどかな村の路傍に、春日をあびて横たわる名もない橋の姿は、よみ人知らずの歌のように美しく、健やかであった。

大和にはさすがに古い歴史を持つ橋が多く、「佐野のわたりの雪の夕暮」の歌で知られる三輪ヶ崎には、今も板を並べただけの「馬井出橋」があり、また初瀬川上流の「連歌橋」では、山人と里人が牛を交換するお祭が、つい最近まで行われていたという。山と里では、耕作の時期がずれるので、里で使役した牛を、山へ返す行事だが、五色の布で飾られ、鈴をつけた牛の行列が、橋を渡って行く風景は、万葉の昔に還ったような心地がする。

葛城の岩橋、岩国の錦帯橋、長崎の眼鏡橋、甲州の猿橋など、書きたい橋は無数にあり、広重や北斎も、多くの版画を残している。が、それはまた別の機会にゆずることにしよう。吉野からの帰りがけに、谷口先生の招待で、私は明治村に立ちよった。山形県天童の眼鏡橋が、この度明治村に移築され、渡りぞめの式が行われる。それは私にとって、はじめて見る光景であった。広い池の入江にかかる眼鏡橋は、明治村の眺望の中にしっくりとおさまり、最初からここに建っていたような感じがした。アーチ型の橋は、中国人から学んだと聞くが、軽快なアーチを水に映している姿は、どう見ても日本の橋より他のものではない。

やがて木やり音頭に先導されて、三組の夫婦が橋を渡り、土地の人々がつづいて行く。新しい印半纏の藍の香と、梅の匂いが入り交って、早春の気分があたりに汪溢する。まことにそれはハレの日の行事であり、天童の人々にとっても、明治村にとっても、生涯忘れ得ぬ思い出となるに違いない。私の「橋づくし」の旅の終りに、このようなめでたい風景に接したことは幸いであった。帰りの新幹線の中でも、木やりの声は耳に残っていて、快い眠りの境へさそうようであった。

（『芸術新潮』一九七六年五月号）

謎ときの楽しみ

去年の秋、京都の博物館で、「日本の意匠」という展覧会があった。これは近来稀にみるよい展覧会であっただけでなく、日本の古典文学と美術品が、いかに密接に結びついているか、むしろ切り離しては存在し得ないことを如実に語っていた。そのことは私も前々から考えており、何度か断片的に書いたこともあるので、ことさら興味をひいたのかも知れない。たとえば鎌倉時代の螺鈿《らでん》の鞍は、俗に「時雨の鞍」と呼ばれているが、一面に雨に乱れた蔦かずらの文様を置き、前輪に「時雨染　に」、後輪には「時雨　わか　恋　原」という文字が散らしてある。それによって、私たちはこの意匠が、新古今集の慈円僧正の歌に出ていることを知る。

わが恋は松を時雨のそめかねて真葛が原に風さはぐなり

せまくて凹凸のある鞍の形の中に、複雑な図柄と文字が過不足なくおさまり、みごとな調和を作りあげている。一見、文様と文字の区別もつかない。こういう手法をふつう

「葦手書き」と呼んでいるが、葦の葉や水の流れのようになだらかな日本の仮名が、おのずから作りだした意匠といえよう。歌を全部書かないで、時雨、恋、染、原などの文字で、それとなく暗示しているのも、心にくい。

そういう例はあげればきりがない。手箱や硯箱、きものや能狂言の衣装、太刀や兜に至るまで、古歌をとり入れたものが無数にある。厳島神社にある平安時代の檜扇には、既に葦手文字が現れているが、それが盛んになるのは鎌倉から室町時代へかけてで、桃山期に至って頂点に達する。光悦と宗達が、自由に古典文学から構想を得たからである。宗達が扇屋の出身だからというわけではないが、やはりそういう手法は、絵巻物より扇から発展したもので、宮廷の女房たちが、扇の絵に歌をそえるのは極くふつうのことであった。屏風に絵を描いて、それに因んだ歌や詩を書く場合もあった。そういうところから両者を併用することが、次第に工芸美術の方に発展して行ったのだと思うが、世界中のどこの国に、これ程綜合的な意匠を創造した人たちがいるだろう。たとえ中国や朝鮮でも、文学と絵画が、渾然と一体化している例はないのである。

今まであげたのは、国宝級の美術品であるが、案外身近なところにも、和歌や物語に意匠を得たものは少くない。探してみれば、どこの家にも、二つや三つはあるに違いない。読者にもそういう楽しみを味わって頂きたいと思い、私のささやかな蒐集の中から、何点かえらんでみた。陶器でも木工でも、無地のものが好きなため、数は少いが、いくらか参考になれば仕合せに思う。

左ページにあげたのは、源氏物語の螺鈿蒔絵の印籠である（写真省略）。全体を五十四帖に区切り、桐壺の巻から宇治十帖に至るまで、各巻にちなんだ絵と題をそえ、その一つ一つに香の図が配してある。香の図というのは、源氏香を闘わす時、五度香をまわして聞くが、たとえばその一と二が同じ香であれば、一と二を横線でつないで、Ⅲと紙に書き、これは「葵」（の巻）を表徴する。また、一、二、三が同じ香で、四、五が同じ場合は「賢木《さかき》」、一だけ違って、二から五までが同じ香であれば、「薄雲」といった工合で、たくさん当てた方が勝ちになることはいうまでもない。遊びかたには色々あって、くわしいことは省きたいが、アップの写真を見て下されば、大体の形はわかると思う。

香道の中でも、源氏香のような遊びができたのは、徳川時代に入ってからで、わずか五本の線で、複雑な文様を創造したのも、桃山以後のことだろう。三百年にわたる鎖国は日本の文化一般に、大きな影響を及ぼさずにはおかなかった。桃山時代の開放的な気分は失せ、たとえば浮世絵のような、極端に繊細で、技術の粋をつくした芸術を生んだ。この印籠などもその一例で、——印籠には、うるさい程こまかな細工をほどこしたものがあり、概して私は好きではないのだが、その中でこれはよく出来た方で、手のこんでいるわりに窮屈な感じは与えない。

ここで注意したいのは根付《ねつけ》である。鼓の胴の形をしており、象牙の上に金で蒔絵がほどこしてある。それによってこの意匠が、直接源氏物語にとられたものではなく、お能の「源氏供養」に典拠があることがわかる。「源氏供養」は、紫式部が主人公で、式部の幽霊が現れて、みずからの後世とともに、物語に描いた人々の供養を依頼する。クセの舞の部分には、源氏五十四帖の巻名がたくみに詠みこんであり、印籠の作者は、それに匹敵することを、蒔絵の上で行ってみたかったに相違ない。

……空蟬の空しきこの世をいとひては、夕顔の露の命を観じ、若紫の雲の迎へ、末摘花のうてなに坐せば、紅葉の賀の秋の落葉《らくえふ》もよしやただ……

傍点を附したのが、源氏の巻の名で、以下、最後の「夢の浮橋」まで延々とつづいて行く。つまらぬ技巧といってしまえばそれまでだが、短い句の中に、その巻の特徴と、風趣を謳って、しかも全体として不自然にひびかないのは、畏るべき腕前だと思う。その雰囲気を、漆芸の上に表現した工人も、また畏るべき技術と教養の持主ではあるまいか。

外国人の間では、根付を蒐集することがはやっていると聞くが、印籠と根付の間には、切っても切れぬつながりがあり、離してしまうと半分の値打ちもなくなる。「根付」の名が示すとおり、それは印籠にとって、いわばルーツを示す存在なのだから、根付だけ集めてみても何の意味もなさない。単に、細工の巧さ、こまかさを鑑賞するだけに終る。大げさにいえば、そこには千年の歴史が秘められており、そういう意味でも、日本の美術品は、綜合芸術といえるであろう。それに加えて、判じものめいた面白さもあり、時には何年も経ってから、両者の間の謎がとけて驚くこともある。

次ページの硯箱も、源氏「賢木」の巻をテーマにしている。賢木の舞台は、嵯峨の野の宮であるから、「野々宮の硯箱」と呼ばれ、蓋の表には、黒木の鳥居と小柴垣を鉛であらわし、榊には螺鈿を用いている。前者とはちがって、ゆったりした構図が美しく、内側には、秋草があしらってある。

秋の花みな衰へつつ、浅茅が原も枯れがれなる虫の音に、松風すごく吹きあはせて、そのこととも聞きわかれぬ程に、物の音ども絶えだえ聞えたる、取りそへていと艶なり。……物はかなげなる小柴を大垣にて、板屋どもあたりあたり、いとかりそめなめり。黒木の鳥居どもは、さすがにかうがうしく見渡されて、云々

と、伊勢の斎宮がこもっていられる野の宮の風景を、そのまま文様に移している。こ

蒔絵螺鈿野々宮図硯箱（石川県立美術館蔵）

こには歌も文字も書いてはないが、黒木の鳥居と小柴垣を見ただけで、直ちにそれと知れるのである。野の宮の場面は、源氏の中でもことにすぐれた文章で、一般の人々にも愛されたのであろう、なつめや文箱にも、野の宮を題材にしたものは少くない。それは世阿弥がお能に脚色したためもある。たとえ源氏物語は読まずとも、当時の人々は「野々《のの》宮《みや》」の能は知っており、だから「賢木」ではなく、「野々宮の硯箱」と名づけたのかも知れない。徳川時代の工芸には、能に題材を得たものが圧倒的に多いが、それは武家の式楽であったことと、能の作者が、源氏物語や伊勢物語のような、古典文学に典拠を求めたからである。そういう意味では、能は古典と工芸、貴族と庶民を結ぶクッションのような役目をはたしていたともいえよう。

その一例に毛利家伝来の能装束がある（写真省略。以下同）。扇の上に夕顔の花を織りだした唐織で、互い違いの段文様になっている。いうまでもなく、この図柄は源氏物語「夕顔」の巻によったもので、光源氏が五条あたりのとある賤《しず》が家に、夕顔の花が咲いているのを眺めている時、家の中から美しい童が、手折った花を白い扇の上においてさし出した。それが縁となって、夕顔の君とはかない契りを結ぶのであるが、お能では「夕顔」と「半蔀《はじとみ》」に脚色されており、花の精か、夕顔の君か、いずれともわかちがたい幽艶な雰囲気をかもし出す。後シテの花の精（もしくは夕顔の霊）は、白い長絹《ちょうけん》（上着）を着て登場するが、この唐織《からおり》はその前シテに用いる。

白き扇のつまいたう焦がしたりしに、この花を折りて参らする

という「半蔀」の一節を、文様化したのがこの唐織で、ほかに御所車やひょうたんを配したものもある。

お能の話のついでに、絵瀬戸の茶碗も紹介しておきたい。これは北大路魯山人の旧蔵で、箱書に「絵瀬戸　桜ヌキ　茶盌」としてある。いかにも魯山人好みのしゃれた図柄で、赤茶色の釉の中に、桜の花が白く浮きでており、裏には三角形の山みたいなものが、同じように白くぬいてある。最初のうちは気にも止めなかったが、使っている間に、はたと思い当った。これは「道成寺」の茶碗なのである。三角形は山ではなくて、鱗であった。「桜と鱗で道成寺」では、まるで謎ときだが、お能や歌舞伎にうとい魯山人が気づかなかったのは無理もない。私は直ちに筆をとって、箱の裏に「道成寺」という銘を書き、いい気持になった。先に判じものみたいな楽しみがあるといったのは、こういう時で、昔の人々はそこを狙って、ほくそ笑みながら作ったのであろう。邪道といえば邪道だが、作品が美しければ何事も許される。こんなのはやさしい方で、印籠や刀の鐔などには、到底私の知識では、何を意味するのか理解しがたいものもあり、日本の文化の奥の深さ、その伝統の複雑さには、ただ舌を巻くばかりである。

源氏物語と並んで、伊勢物語に則った作品もたくさんある。
「忍草《しのぶくさ》の硯箱」は、伊勢物語（古今集では源融）の「みちのくの忍ぶもぢずり誰ゆゑに乱れそめにし我ならなくに」の歌によっており、一面に忍草（しだの一種）を乱れ散らした中に、兎が三匹走っている。蓋の表に「たれゆゑに」とあるので、この歌を主題に作ったことがわかるが、もし文字がなかったならば、硯箱の情趣は半減するに違いない。まことに日本の仮名というものは、それ自身が既に一つの文様であり、琳派風の絵にとけ入る時、みごとな調和の世界を造りあげる。宗達と光悦の合作による歌絵巻は、その最たるものといえよう。

伊勢物語にもっとも多くとられているのは、「八橋」の図かも知れない。在原業平は、友達とともに東《あずま》へ下る途中、三河の八橋に立ちよった。沢のほとりに杜若が美しく咲き乱れているのを見て、かきつばたの五文字を、句の頭《かしら》において詠んだのが左の有名な歌である。

から衣きつつなれにしつましあればはるばるきぬるたびをしぞ思ふ

光琳の硯箱、乾山の陶器、刀の鐔、小袖、うちわ絵に至るまで、八橋に杜若を配した図柄は枚挙にいとまもない。光琳の「杜若の屏風」のように、橋ははぶいてあっても、杜若が描いてあれば、それは伊勢物語の八橋なのである。業平の歌には、長い詞書がついているので、物語にもしやすかったし、ひいては文様化することにも適していたのであろう。

それについて、思い出すのは、「筒井筒」の銘のある井戸茶碗である。大名物の中でも、すぐれて美しい名器で、筒井順慶から、豊臣秀吉に贈られたが、ある日近習の者が取落して、五つに割れてしまった。秀吉は烈火のごとく憤り、既に手討になるところを、傍らに居合せた細川幽斎が、とっさの機転で狂歌を詠み、秀吉の怒りを鎮めたという。

筒井筒五つにかけし井戸茶碗咎をば我に負ひにけらしな

御承知の方も多いと思うが、これは伊勢物語の恋歌をもじったものである。

つつゐづつ井筒にかけしまろがたけすぎにけらしないも見ざるまに

実に胸のすくような逸話ではないか。以来、この茶碗は、「筒井筒」という銘を得て、珍重されて今に至っているが、この場合は前者とはちがって、はじめから伊勢物語を意識して作ったわけではない。だが、銘を業平の歌に得た点では、やはり古典文学に則った茶碗といえるであろう。

武蔵野の風景も、業平の東下りによって、昔の人々に親しまれていた。特に、尾花をわけて登る月夜の景色は、都びとの憧憬の的となり、多くの詩歌に謳われ、屛風や襖絵にも描かれた。

行末は空もひとつの武蔵野に草の原より出づる月かげ　摂政太政大臣（良経）

むさし野は月の入るべき嶺もなし尾花が末にかかる白雲　大納言通方

出づるにも入るにも同じ武蔵野の尾花をわくる秋の夜の月　法印能海

小男鹿《さをしか》の夜半《よは》の草ぶし明けぬれどかへる山なき武蔵野の原　従二位家隆

このような歌の数々が、光悦や宗達の創作欲を刺戟しなかった筈はない。秋草と月は、ことに彼等の得意とするところであった。武蔵野屛風も、琳派の流れをひく作風で、「草の原より出づる月かげ」の情趣をたくみにとらえている。この意匠は、小袖や狂言の肩衣に好んで用いられた。左ページの肩衣は、夜空と薄を藍の濃淡で染め、月を白く（糊で）ぬいて、秋の夜の静けさを現している（写真省略。以下同）。どちらかと云えば、和歌より洒脱な俳句の気分で、狂言の性格によく似合っている。

蒔絵にも「武蔵野」の意匠は少くないが、魯山人作の陶器の鉢は傑作だと思う。下の方からだんだんに藍でぼかして行き、薄を白くぬいた中に、銀の月が描いてある。ふちの白い部分には、薄の穂を鉄砂で描き、光と影の交錯する雰囲気を、みごとに表現している。写真では見えないけれども、月の半分が内側にかくれているのも、面白い趣向である。こういう作品に出会うと、魯山人ほど琳派の精神を適確につかんでいた作家はいないと思う。琳派の真似をしている人々はいても、自分のものにしている画家も陶芸家も、現代にはいないのである。

和歌から出たものの中には、「誰ヶ袖」という優雅な名前もある。室町時代の蒔絵に、梅に「堂《た》が袖」の文字を散らした硯箱があり、古今集の歌を文様化しているため、「誰ヶ袖の硯箱」と名づけた。

色よりも香こそあはれとおもほゆれたが袖ふれし宿の梅ぞも　　よみ人知らず

昔はきものに香を薫きしめる風習があったので、移り香というものを大切にした。やがてそれは小袖の文様に移され、衣桁の上に美しい小袖を、何枚も重ねてかけた屏風絵を、「誰ヶ袖屏風」というようになった。慶長年間（十六世紀）に盛んに造られたが、この場合は、名前が後にできたのかも知れない。どちらにしても、「誰ヶ袖」とはうまく名づけたもので、左ページの屏風絵からは、昔の人の袖の香がほのかにただよう心地がする。

近世に入ると、衣桁は失せて、きものの袖の部分だけが、友禅で作られるようになって行く。右下の写真は友禅の下絵で、だんだら文様の綱にかかっているのが面白い。「誰ヶ袖屏風」も、「誰ヶ袖文様」も、最初はもしかすると、小袖の見本の意味も兼ねていたのではなかろうか。光琳と乾山の兄弟が、雁金屋《かりがね》という呉服商の出であるのを思う時、たとえ見本といえども、そのくらいの趣向は凝らしたであろう。逆に古い裂をはりつけて、「誰ヶ袖屏風」に作ることもあったが、昔の人々はそれ程きものというものを、一つの芸術作品として愛していたのである。

螺鈿の煙草盆は、私が机のそばにおいて、毎日使っている道具である。が、「誰ヶ袖」を現しているとは知らなかった。ある時、原稿を書きあぐねて、ぼんやり眺めている間に、ふと、何かに似ていることに気がついた。何だろう、何だっけ、と考えているうち、「誰ヶ袖」とわかった。わかった後は、以前にもまして愛用するようになったのはいうまでもない。

以上にあげたのは、いずれも身近にあるか、よく知っているものだけで、実際には、この数百倍、いや、数千倍もあるに違いない。別に国宝級の名品にかぎるわけでなく、はじめにもいったように、読者の周辺にも、必ず見つかる筈である。自分の眼でそれを発見して頂きたい。謎ときの楽しみを味わってほしい。むろん謎ときだけが、美術品のすべてではないけれども、私たちの祖先が、古典文学の教養と知識をかたむけ、工夫を凝らして造りあげた日本の文化の伝統は大切にしたい。私が切に願うのはそれだけである。

（『ミセス』一九七九年五月号）

螺鈿誰ヶ袖煙草盆（撮影：藤森 武）

近江の庭園──旧秀隣寺と大池寺

比良山《ひらさん》の奥に発する安曇川《あど》は、朽木《くつき》渓谷の間を縫って、平野へ出、高島の北で琵琶湖に入る。河口のあたりは広大なデルタを形づくっており、現在は安曇川町と呼ばれているが、古くは万葉集に、「阿戸」、「吾跡」などと書かれた肥沃な地方である。

そこから十数キロ遡ると、次第に両側から山がせまって来て、渓谷めいた雰囲気となる。安曇川にそった道も南へ迂回して、比良山の裏側（西）へ入って行くが、そのあたりが朽木村で、市場という集落で、若狭から来る街道といっしょになり、末は京都の大原へ通ずる。市場から少し南へ行ったところに、岩瀬という村があり、そこの興聖寺という寺の境内に、旧秀隣寺庭園がある。

私がはじめて興聖寺を訪れたのは、今から二十年ほど前で、若狭から京都へ帰る途中であった。別に古い庭に興味をもっていたわけではない。朽木谷は、木地師（木地屋、ろくろ師ともいい、木工を専門とする職人の集団）で知られた地方で、お寺へ行けば、何かわかるかも知れないと思ったからである。が、案外そうしたものは、産地には残っていないのがふつうであり、住職もお留守だったので、何も聞きだすことはできなかった。お寺の奥さんは気の毒に思われたのか、本尊の釈迦如来（藤原時代）を拝観させて下さった後、室町時代の庭園もあるからといって、境内の茂みの中を案内して下さった。

それは本堂に向って左手の片隅にあったが、雑草に埋もれて、わずかに石組らしいものが見えるだけで、ほとんど庭とは呼べないほど荒廃していた。素人の私には、そこに室町時代の本格的な庭園が秘められていることなど、想像することもできなかったのである。ただ、木立ちを通して比良山の山並みが見渡され、田圃の向うに安曇川が流れている風景が、いかにもゆったりと気持よかったことが印象に残ったにすぎない。

その後私は、取材のためにしばしば近江をおとずれるようになり、安曇川を何度となく往復した。そのたびに興聖寺へ立ちよったが、そのたびに庭は少しずつ整備されていることに気がついた。今ではまったく元の形に復元され、たっぷり水をたたえた池に、鶴島・亀島の石組が影を映し、森の下草に埋もれていた「鼓の滝」からは、清らかな山水がしたたり落ちている。そこには麗しく保存された京都の石庭とは、また趣のちがう素朴さと、戦国武将のきびしさが現れており、武家の庭園とは、正にこうあらねばならないという感じがする。

それは私に、かつて見た観音寺城の石積みを思い出させた。観音寺城というのは、近江に四百年のあいだ君臨した宇多源氏、佐々木一族の城跡で、観音寺山（きぬがさ山ともいう）の頂上の近くにあり、麓から天辺まで荒々しい自然石で築かれている。織田信長に滅ぼされたので、今は城の石積みしか見ることはできないが、けわしい山上にあるためか、その時のまま少しも損われてはいない。それは私たちがふつう考えている城の概念とはちがって、山全体が砦であるような印象を与えた。

もちろん、城と庭では規模も違うし、目的も異なる。だが、そこに現れている精神は、まったく同じもののように思われる。あるいは、全山砦のような観音寺城を、一点に集約したものが旧秀隣寺の庭園であるといってもいい。

近江はよい石をたくさん産出する地方で、石造美術の名品も少なくないが、特に日吉《ひえ》神社の石垣はみごとなものである。日吉神社のある坂本のつづきには、穴太《あのう》という集落があり、そこには古くから「穴太衆」と名づける石積みの集団がいて、石垣ばかりでなく、城も彫刻も造っていた。観音寺城も安土城も、おおかた彼らが築いたものに違いない。旧秀隣寺庭園でも、庭師は京都から招いたかも知れないが、実際に石を立てたのは穴太衆ではなかったか。

専門的なことは私にはわからないけれども、そこに用いられている石はほとんど近江のものだから、彼らが手がけなかったはずはない。その豪放な石組に、私が観音寺城を思い浮べたのは、考えてみれば当然のことであったのだ。

それにしても、なぜ興聖寺の境内に、秀隣寺の庭があるのか。それについては、ややこしいいきさつがあるが、今はふれない。ただ徳川時代に、秀隣寺の跡に、興聖寺が移って来たことと、両方とも佐々木の一族、朽木氏の菩提寺であったことを記すにとどめておく。庭があのように荒廃したのは、もともと別の寺院に属していたからであろう。

享禄元年（一五二八）の秋、足利十二代将軍義晴は、三好の乱をさけて、朽木谷へ逃れた。朽木の領主、稙綱《たねつな》は、将軍を丁重に迎え、その時書院の前に庭を造って、漂泊の将軍の心を慰めた。実際に事に当ったのは、将軍に供奉していた細川高国であったが、高国はほかにも庭を築造しており、当時の武将や政治家には、そういう風流な文化人が大勢いた。築城と築庭の間には、今私たちが考えるような区別はあまりなかったのかも知れない。

将軍義晴はそこに四、五年滞在し、その館の跡に建立されたのが秀隣寺である。「近江輿地志略」には、「周林院」と記してあり、稙綱から四代目の宣綱の夫人を周林院と号し、ここに葬ったので寺に直したと伝えている。彼女も佐々木の一族、京極家の出で、大閤秀吉の側室、松の丸殿の妹であったから、大切に扱われたのであろう。

書院が建っていたとおぼしきあたりは、空地になっており、今は樹木が茂ったため、庭は逆光線になって、あまりよくは見えない。が、明るい河原の風景をバックに自然石が屹立している景色には、墨絵を見るような趣がある。いつ行ってみても観光客などいたためしはなく、室町時代の文化を偲ぶには絶好の場所であるが、鳥の声のほか物音一つしない山間の侘住居は、将軍にとっては寂しい日々であったろう。その時彼はわずか十八歳、幕府には昔日の権威はなく、世の中は乱れに乱れて、群雄割拠の時代に突入していた。義晴はここから近江を転々と放浪し、一時は都へも帰ることを得たが、傷心のあまり病となり、最後は穴太で没したという。

去年の秋、私がおとずれた時も、境内は閑散として、人影もなかった。「鼓の滝」のしとしとと落ちる音に耳を澄ましつつ、その流れにそって、曲水式と呼ばれる庭を一巡した。元の形に復元されたといっても、やはり荒廃の跡はかくしきれず、阿弥陀如来を象徴する「三尊石」はみごとであるが、脇侍の石は欠けたり倒れたりしていた。向って左側の中島に、亀が頭をもたげたような形に立っているのを、たぶん「亀石」と呼ぶのであろう。いずれも苔むして、いい味になっているが、一方の鶴島のそばには平たい橋がかかっており、寺の案内書には「楠木化石橋」と記してある。が、後に読んだ解説によると、これだけが紀州産の青石であるとかで、後はすべて近江の石を用いているという。

専門家の説によると、未だこの時代には「借景」という意識はなく、周囲の自然から遮断して、庭そのものの表現に集中して造られたようである。たしかにそういう雰囲気は感じられなくもないが、それは西洋流の考えかたで、はたして日本人が庭を造る場合に、完全に周囲の自然から離脱し得たであろうか。前方にそびえる比良山は、古代から信仰された神山であり、それを取りまいて流れる安曇川は、おのずから神奈備《かんなび》川の様相を呈している。西洋の幾何学的な庭園とはちがって、はじめから自然に似せて構成された日本の庭が、周囲の山水、それも長い歴史と伝統に彩られた風景を、まったく無視することが可能であったかどうか。むしろ、はじめから借景の意図は有していたものの、充分に表現することができなかったのではあるまいか。木立に囲まれた庭園の、安曇川に面した側だけが開けて、比良山を望めるように造型されているのは、私にそういうことを考えさせる。そして、これ見よがしに借景風に造った庭よりも、かえって深い趣があるように思われる。

私はそこから湖南の大池寺《だいちじ》へ向った。秋晴れの爽やかな昼下り、珍しく竹生島も、三上山も、長命寺山も、遠く観音寺城から伊吹山の方まで見渡せる。そこで私は再び日本の庭というものが、いかに自然をよく模しているか、よく見ていることか、感動をあらたにした。

今あげた島も山も、古代から信仰された聖地である。たとえ蓬萊山を表現する目的を持っていたにせよ、無意識のうちに日本の風景を手本としたに相違ない。そういうものが伝統であり、周囲に美しい自然があればこそ、借景という思想も生れたのだ。砂漠や草原の中では、借景などという手法は、想像することもできなかったであろう。

琵琶湖のふちを南下すれば、わけなく行けると思っていた大池寺は、意外に遠かった。大池寺は、東海道（国道一号線）にそった水口《みなくち》の手前から、少し北へ入った山中にある。街道筋は交通がはげしいが、町をはずれると別天地の静けさで、名坂という集落をすぎ、八幡神社の建つ丘陵をまわると、目の前に小ぢんまりとした寺が現われる。参道の両側は、田圃になっていて、山懐に抱かれた感じの和やかなたたずまいである。

昔はここも訪れる人は稀だったが、今日は会社員のような先客が四、五人おり、彼らの後につづいて座敷へ通る。そこには目ざめるような緑のさつきの刈込みがあった。この頃は観光バスも来るのか、住職の奥さんは馴れた口調で説明をはじめ、私は上の空でそれを聞いていた。さむざむとした湖北から湖南へ来ると、庭までこんなに違うのかと思うほど、明るく暖かい眺めである。が、それは時代が下るせいもあろう。

小堀遠州の作と伝えているが、実は遠州の曾孫の政房が、水口城主であったので、江戸初期とみなすのが正しいらしい。この前来た時は燃え上るようなさつきの花盛りであったが、庭はやはり白い砂と緑一色の清楚な方が落着きがあって美しい。

この庭も蓬萊山と鶴亀を表した枯山水であるが、さつきの大刈込みで表現したところが、前者とはまるで違う。旧秀隣寺庭園を墨絵と見るならば、これは金銀彩色の桃山屛風にたとえられよう。入ったところは、書院の東側の庭で、白い砂をしきつめた上に、円形や四角の刈込みがあり、中央の長方形の部分は、宝船を表しているという。してみると、その中に点在する小さな刈込みは、七福神を象徴するのであろうか。

書院の縁に近く、右手の方には、丸い刈込みがあるが、これは亀の形を表しているそうで、首のところに小さな石が置いてあるのが愛らしい。私はふと、飛鳥の「亀石」を思いうかべた。古墳時代の巨石と、さつきの刈込みでは重量感がちがうが、形はまったく同じもので、似たような印象を与えるのが面白い。このような刈込みを作りあげるには長い年月、――少なくとも二、三十年はかかるであろうし、四季折々の手入れも大変だろうとお察しした。

中心の船型刈込みから左の方へ、さながら大波・小波を想わせるような、起伏のある刈込みがつづいて行く。それは書院の北をめぐって、裏側の茶室へつづき、そこには築山風の庭がある。やはり刈込みに石をあしらっているのだが、こちらの方は蓬萊山と鶴を象徴しているという。真中が高くなっているので、蓬萊山はわかるにしても、どれが鶴だか、私には見当もつかなかった。こういう庭には、とかく多くの説明がつきまとうが、それ自身で満ち足りて美しいものには、多くの言葉を必要とはしない。おめでたずくめの解説をしばし忘れて、緑一色のゆるやかな起伏に身心をゆだねていると、百坪あまりの小さな庭がとめ度もなく広がって、再び私の心には、湖水をへだてて眺めた遠山の景色がよみがえって来る。

小堀遠州は近江の湖北、小堀村の出身であった。その子孫も代々近江と関係が深い。彼らにとっての蓬萊山とは、竹生島であったかも知れないし、風光明媚な琵琶湖の風景が、遠州の茶道に影響を与えなかったはずはない。大和郡山の慈光院の庭も、遠州の作と伝えるが、大池寺の大刈込みと同じ精神を私は感じる。ただ欲をいえば、茶室の方の蓬萊庭園は、少し手がこみすぎていて、書院の庭ほどの豊かさと大きさを欠くように思った。

手入れはどうされているのか、奥さんにうかがうと、裏山の林には植木屋が入っているが、庭の刈込みは全部住職がなさるという。禅宗の寺では、それが修行の一つとなっているのであろう。また、そうでなくては、何百年もの間、原型を保ち得たはずはない。考えてみれば、日本の庭ほどはかないものはない。一年といわず、半年も放っておけば、自然に還元してしまう。だからこそ日々の手入れが大切であり、美しい庭というものには、持ち主の愛情だけではなく、人格のよしあしまで現れるように思う。

だが、大池寺ははじめから禅宗の寺ではなかった。その草創は古く、天平時代に遡る。寺伝によると、東大寺の大仏建立に功績のあった行基の建立で、はじめは青蓮寺《しょうれんじ》と号したと伝えている。その後、火災に会ったり、衰退したりして、変遷を重ね、寛文七年（一六六七）臨済宗の寺として再興され、寺号を大池寺と改めた。

行基はもともと山岳修行の仏徒であり、大仏を建立するに当って、伊賀・甲賀の周辺で木材を集めていた。青蓮寺もその一つの起点であったに相違ない。特に湖南にそういう古刹が多いのは、天平時代に聖武天皇が信楽に遷都されたためもある。大仏も、はじめは信楽の甲賀の寺で発願された。それは両方とも失敗に終り、天皇は大和へ還幸され、大仏も奈良で完成したのであるが、青蓮寺が衰退したのは、もはや用がなくなったせいかも知れない。

私がはじめて大池寺をおとずれた時、——それは十五、六年も前のことであるが、なぜ山間の寺院が「大池寺」と呼ばれているのか、不思議でならなかった。寺の境内に池らしいものはなく、もしかすると枯山水を池に見立てたのではないかと思った。その日はおそくなったので、たずねもせずに帰ったが、次に行った時、境内の外郭を歩いてみて、大きな池がまわりをとりまいていることを知った。参道の両側にある田圃も、その地形から見て、かつては池の一部であったに違いない。「水口」という地名が、この池と関係があるのかどうか私は知らないが、灌漑用水として、今も田畑をうるおしていることは確かである。

大きな池の真中に、浮んでいるように建つ寺の姿は、正に蓬萊山そのものの風景で、境内に蓬萊庭園を造ったのは、偶然ではないとその時直感した。この土地になじみの深い小堀遠州の一族が、寺の地形を知りつくした上で構想をねったのであろう。この場合は、もちろん「借景」とは呼べないが、広い意味で、借景の意識が働いていなかったとはいい切れない。内なる庭と、外の景色が、互いに呼応し、無言のうちに共鳴し合っている、そういうものが日本の庭であり、禅宗の思想ではないかと私は思う。

今度行った時は、少し克明に池の周囲をまわってみた。もしや開発のために、景色が変っているのではないかと恐れてもいた。景色は損われていなかったが、中ほどに新しい道路が作られ、池は真二つに分断されている。大池があっての大池寺なのだから、なるべくこういうことはしてほしくないと、こういう機会にお願いしておきたい。

お寺に近い方の池の中には弁天島があり、水の中に鳥居が立っている。それを右に見ながら、土手の上をつま先上りに行くと、はじめの方に記した八幡様の社が、丸い岡の上に建っていた。そこから南を望むと、信楽の飯道山《はんどうざん》が真正面に見える。そればかりか、八幡様の鳥居の真中にぴたりと山がおさまっている。飯道山は古代から信仰された神山で、紫香楽の宮の鎮護の神である。大池寺の前身の青蓮寺が何故ここに建てられたか、とたんに私には読めたような感じがした。

私が今まで見た経験では、古い寺院はみな土地の地主神社と同じところに建っている。たとえば京都清水寺の地主権現、比叡山の日吉神社、興福寺の春日神社といったように、それは仏教を流布するための政策であったかも知れないが、そこに神仏混淆の信仰が生れ、互いに離反することなく発展をとげたのである。この神社も、今は八幡様に変っているが、天平時代には飯道山を遥拝するための地主の神で、行基はそういう土地をえらんで、青蓮寺を建立したに違いない。

私はそれを確かめるために、もう一度大池寺へ帰ってたずねてみた。お寺では八幡様の由来について知ることはできなかったが、昔から大池寺とは結びついており、明治の廃仏分離令によってわけられるまで、両者は不即不離の間柄にあった。神主さんはいないので、今でも住職がお祀りをし、祝詞もあげていると話して下さった。庭園とは直接関係のないことだが、山や水を神として崇める信仰がなかったならば、蓬萊山などという外来の思想を、素直にうけ入れられたはずもない。蓬萊庭園と名づける造型は、太古からの自然信仰が生んだ芸術であり、神仏混淆の一つの現れと見ることができるであろう。

（『探訪日本の庭８』小学館、一九七九年）

正倉院に憶う

正倉院というと、一般には、東大寺のあの正倉院を指すと思われているが、昔は国衙《こくが》や寺院の主要な倉を「正倉」といい、それが建っている一画を「正倉院」と呼んだ。したがって、律令時代には、日本中のどこの国にでも見られたが、東大寺だけに遺ったので、固有名詞となって現在に至っている。それにしても、正倉の中の正倉が、度重なる地震や風害を逃れて、千二百年の星霜を保ったのは、まったく奇蹟としか思われない。平重衡が東大寺に火を放った時は、奈良の大部分が焼土と化したが、正倉院と転害門《てがい》だけは助かった。このことは、それらの建築が占める位置にもよるのだろう。東大寺の境内は広いけれども、その広い境内の西北の隅にあるのが正倉院と転害門で、冬のさ中のことであったから、風上に当っていた。大切な倉のことで、はじめから大仏殿とは離れたところに、火災のことも考えた上で造られたに相違ない。それでも私が子供の頃聞いた話では、正倉院はいつでも大切にされたわけではなく、徳川末期から明治維新へかけての動乱期には、あの高い床下に乞食が住みつき、平気で焚火などしていたという。しばしば盗賊におそわれたこともあり、長い年月の間には、何度もそういう危機に瀕したことを耳にすると、なおさらありがたいことに思われる。

私の一生の間にも、正倉院にはいくらか変遷があった。今は奈良の博物館で、年に一回催される「正倉院展」で拝観するより他ないが、昔は宮内省にお願いすれば、曝涼《ばくりょう》（虫干し）の期間は、院内へ入れて頂くことができた。戦後しばらくの間は、何かの研究という名目のもとに、わりあい簡単に入れたように記憶している。私も父母や先生方のお供をして、何度か拝観する幸運に恵まれた。当時は美術に関する興味や知識がそうあったわけではなく、文字どおりの「猫に小判」であったが、それでも見事な校倉造りの内部に、一歩足を踏み入れた時の感動は、未だに忘れることができずにいる。大げさにいえば、天平の昔に還って、大仏開眼の荘厳な風景に、目のあたり接する思いがした。

正倉院は、中倉を中心に、南倉と北倉にわかれているが、飾棚が造られたのは明治時代で、それ以前はすべての宝物が唐櫃におさめられていたという。部厚い材を用いた棚の上には、目もくらむような楽器や鏡の類、ガラスその他の宝物が並んでおり、じゅうたんとか厚地の織物などは、十枚も二十枚も重なって、床の上に積んであったことを思い出す。昔のことなので、私の記憶はさだかではないが、美しい「文欟木《ぶんかんぼく》の厨子」、「黒柿の厨子」、「蘭奢待《らんじゃたい》」の香木など、大きなものは床か台の上に置いてあった。蘭奢待は一米半に及ぶ巨大な香木で、正確には「黄熟香《こうじゅくこう》」と呼ぶらしいが、いつの頃か東大寺をかくし文字にして（蘭の門構えの中の東と、奢の冠の大と、侍のつくりの寺）、ランジャタイと称するようになったと聞く。

私の母は香道に凝っていたので、門前の小僧なみに私も、この香木の前では長い時間を費した。表面は何の変哲もない茶褐色の木片だが、断面は白くなっていて、足利義政や織田信長などが切った跡が残っている。時代が下るほど、品質の落ちる部分を切っているのは、その時母が教えてくれたのは、同じ一本の香木でも、上等の伽羅《きやら》などがとれるのは、極く限られた一部なのだろう。昔の人々は権力に物をいわせて、心ないことをしたものだが、一片の香木のために、殺し合いまでしたことを思うと、数寄に徹した執心のほども頷けるというものだ。

博物館の「正倉院展」では、毎年一つのテーマのもとに出品されるので、私たち素人にもわかりやすい。が、正倉院の中では目移りがして、何が印象に残ったかと訊かれても、にわかには答えられない。私はまだ若かったから、しいていえば、それはガラスだったかも知れない。私が最後に正倉院を拝観したのは、たぶん昭和二十年代もはじめの頃で、その後、特別な専門家のほかは禁止になった。それから十年ほど経って、私はイランへ行った。正倉院を通じて、ペルシャ文化にあこがれていたからで、いってみればシルクロード・ブームの走りである。あわよくば、正倉院の「白瑠璃碗《はくるりわん》」と同じものを手に入れたいと思っていた。テヘランに着いてすぐ骨董屋へ行ってみると、彼らは既に知っており、覚束ない日本語で、「ショソーインがほしいのか」という。そのショソーインが、次から次へいくつも出て来るのにはびっくりした。全部が全部贋物というわけではなく、たしかにササン朝の作も交っていて、カットやガラスの質も、白瑠璃碗と変るところはない。値段も当時は三万から五万円程度だったが、私は買わずに帰って来た。何といっても発掘品は、伝世のものには遠く及ばないと知ったからである。

このことは、正倉院全体についてもいえることだろう。近頃は中国で盛んに発掘が行われている。その中には、正倉院の宝物より立派なものが無数にあり、またこれからも発見されるに違いない。だが、出土品には、伝世のものの美しさはない。その美しさはまったく異質のもので、昔の人々が、なぜ伝世品を尊んだか、そこには生きた人間の生活があり、生きた人間のぬくもりが伝わって来ることを、正倉院の宝物を見て私は切実に感じるのである。

（『太陽正倉院シリーズⅢ　正倉院と東大寺』平凡社、一九八一年）

名筆百選

藤原佐理の書

平安朝の書家の中で、橘逸勢《たちばなのはやなり》と藤原佐理《すけまさ》が私は一番好きである。両者とも真蹟と認められるものは至って少なく、百年以上の年月の差があるので、書体が違っているのはいうまでもないが、その雰囲気には非常に似通ったものがある。雰囲気というより、単刀直入に息遣いといった方がいいかも知れない。それには生きている人間が、眼の前で筆を走らせているような迫力があり、潑剌としたその美しさに私は魅せられる。

逸勢が嵯峨天皇、弘法大師と並んで、「三筆《さんぴつ》」と称されたように、佐理も小野道風、藤原行成とともに、「三蹟《さんせき》」と呼ばれる能書家であった。が、流麗な文字を書いた他の二者に比して、佐理の書は奔放で、おすましなところが一つもない。それは早急の中に記した消息が多いせいでもあるが、その消息も、自分の怠惰を謝る詫び状とか、失敗をとりなして貰う依頼の文などで、利口に立ちまわる優等生ではなかったことを示している。

太政大臣実頼《さねより》の孫に生まれたにも拘《かかわ》らず、父親を幼いときに失ったため、昇進も意のままにはならなかったが、

……御心ばへぞ、懈怠者《けだいもの》、すこしは如泥人《によでいにん》ともきこえつべくおはせし。

と「大鏡」が伝えているように、少々ぐずで、処世術がまずかったのは、生まれつきの性格によるのであろう。如泥人については、適当な現代語訳がないけれども、察するところ、大酒飲みであったような感じがする。

同じような立場で苦労をした行成が、我慢の人であったのに対して、佐理ははるかに無邪気なわがまま者で、人と折り合うことができなかった。その反面、貴族の子弟にありがちな弱気な面もあり、自分の芸についての強い自信と、その性格の弱さとの矛盾に、彼は一生苦しんだに違いない。そういう人間性が露骨に表れているところに、佐理の書の魅力があり、一概に奔放自在とはいい切れないものがあると思う。

西行の書

この春、私は河内《かわち》の弘川寺《ひろかわでら》にある西行法師の墓にお参りした。ちょうど桜の盛りの頃で、山にも谷にも花が満ち、お墓の前にも大輪の桜が供えてあった。西行は晩年をこの

寺で送り、

ねがはくは花の下にて春死なむ
そのきさらぎの望月のころ

の願いどおり、文治五年（一一八九）二月十六日、七十三歳の生涯を終えた。

春雨の降りしきる墓前で、私はこのたぐい稀なる詩人の上に想いを馳せたが、仏法の僧であって僧でなく、歌人であって歌人ではない人間をとらえることは、容易ではない。そのとらえにくさは、かつて西行自身が栂尾《とがのお》の明恵上人に語ったように、「虚空の如き心の上において、種々の風情をいろどる」という無色透明な心を心としたからで、僧侶として名声を得ることも、歌人として大成することも、「皆これ虚妄なること」として、眼中になかったためだろう。

西行が自選の第一に推したという歌、

風になびく富士の煙の空に消えて
行くゑも知らぬわが思ひかな

その調べは平明であっても、けっして解りやすい歌ではない。虚空の如き心を得た人間にして、はじめて見ることのできた己が姿の表現、といえると思う。

西行の書についても、同じことがいえるのではないか。けっして上手に書こうとか、文を練った様子はなく、武士らしい筆致で、生き生きと書き流しているのが気持ちよい。

日前宮事自入道殿頭中将
許如此遣仰了返々神妙
候頭中将御返事書うつして
…………………

とあるこの消息を眺めている間に私は、「井蛙抄《せいあしょう》」にある有名な逸話を憶い出していた。

——神護寺の文覚《もんがく》上人は、名うての荒法師で、同じ北面の武士であった西行が、歌など詠んで放浪しているのをにくみ、いつか頭をぶち割ってくれん、と息まいていた。

ある日、西行が寺を訪れたとき、丁重にもてなして帰したので、弟子たちがいぶかると、

「あらいふかひなの法師どもや、あれ（西行）は文覚に打たれむずる物のつらやう（面

様）か。文覚をこそ打たむずるものなれ」

といったという。

後鳥羽上皇の書を前に

平家が安徳天皇を擁して西海に落ちたとき、後白河法皇は、孫の四の宮を後継者にえらんだ。のちの後鳥羽天皇である。そのときわずか四歳であった四の宮は、恐れず臆せず法皇のお膝に抱かれたので、直ちにきまった、と当時の物語は伝えている。生まれながらにして帝王の風格を備えていられたのであろう。

後白河法皇の院政のもとに、天皇はのびのびと成長し、和歌や管弦に、すぐれた才能を示しただけでなく、武芸一般にも長じていた。素手で盗人を捕まえたという話もある。

わずか十九歳で退位された後は、院政にいそしむかたわら、あそび事にも熱中し、中でも信仰と遊興を兼ねた熊野詣では、三十一度にも及んでいる。

生命力に溢れたその活躍ぶりが、病身の定家を悩ませたことは、「明月記」にくどくどと述べられているが、定家だけではなく、側近の人々も、時について行けない心地がしたに違いない。

そのままで終われば、古代の天皇のように、おおらかで幸福な一生をすごされたであろうが、

奥山のおどろが下もふみわけて
道ある世ぞと人に知らせむ

の気概に燃えていた上皇は、ついに朝廷の力を過信するに至った。承久三年（一二二一）五月、鎌倉幕府の混乱に乗じて挙兵されたのだが、関東武士の結束は意外に固く、わずかひと月で敗北の憂き目を喫した。

隠岐に流された後鳥羽院は、二度と再起することは不可能に終わったが、十九年にわたる流島の苦しみは、院の人生をいっそう密度の濃いものにしたと思われる。

我こそは新島守《にひじまもり》よ隠岐の海の
あらき波風心して吹け

この絶唱は、真《しん》に帝王らしい調べであり、波風にもまれて立つ孤高な人間の風貌を彷《ほう》彿《ふつ》させる。諸人に先んじて、西行法師の真価を認め、「生得《しやうとく》の歌人とおぼゆ。……不可説の上手なり」と自信をもって評したのも、隠岐においてであった。

世阿弥の書を見つつ

世阿弥の芸術論の中で、一番よく知られているのは、「初心忘るべからず」という言葉であろう。スポーツ選手や流行歌手でも、気軽に、

「初心へ還って、出直します」

などという。

だが、世阿弥が考えていた「初心」には、そんな精神的な意味はなく、ひと口にいえば、未熟な芸という程のことで、「初心へかへるは、能のさがるところなるべし」と、「花鏡《かきょう》」の中ではっきり断っている。

では何故芸が下手であった頃の「初心」を忘れてはいけないのか。

能にかぎらず、芸というものは、その場かぎりで終わってはならない。その場かぎりでやり捨ててしまったら、何も経験しなかったことになり、上達することは不可能である。失敗したり、恥ずかしい思いをしたことを、しっかり身に刻んでおけば、自分が進歩したことも解るし、将来の指針にもなる。過去のさまざまの体験の積み重ねの上に、今の自分の芸は成り立っているのだから、「初心」を忘れるとき、自分の立っている土台は忽《たちま》ち崩れるであろう。人生は二度と繰り返すことはできない。「初心」は還るところではなく、常に我とともにある、そのことを忘れるな、と世阿弥はいったのである。

下手な芸が、目利きを満足させないのは当然であるが、上手な人が、目利かずに理解されないことを、彼は等閑に付す気にはなれなかった。

……能に初心を忘れずして、時に応じ所によりて、をろかなる眼にも、げにも（と）おもふ様に、能をせむ事。

を理想としたのである。それは、けっして程度を落としてみせることではなかった。まして、「初心へ還る」ことではない。目利かずを納得させるやり方を工夫する、それが上手にとってはじめての経験であるならば、そのときが「初心」といえるのではないか。世阿弥の「初心忘るべからず」とは、過去をふり返って出直すことではなく、そういう前向きの姿勢を終始保持することにあった。

後水尾天皇の書

歴代天皇の中で、後水尾は存在しても、水尾と呼ばれる天皇はいられない。それは平安朝の清和天皇が、愛宕《あたご》の麓の水尾に蟄居《ちっきょ》していられたため、世人が「水尾の帝」と呼んだからで、後水尾はその名に因《ちな》んでおくられた諡号《しごう》なのである。

清和天皇といえば、藤原氏が政権を完全に掌中のものとした頃で、徳川氏が江戸幕府を確立した後水尾天皇の時代と、大変よく似ている。むろん、そのことを意識してつけたのであろうが、思えば皮肉な諡号である。

後水尾天皇が十六歳で即位されたとき(慶長十六年—一六一一)、秀吉は既に亡く、家康は隠退して、秀忠が将軍になっていた。世の中が治まって行くにつれ、朝廷に対する幕府の圧迫は峻烈をきわめ、烈しい気性の天皇を懊悩させた。

鎌倉時代の後鳥羽天皇は、まだ「道ある世ぞと人に知らせむ」の気概に燃えていたが、後水尾天皇に至ると自暴自棄になる。

葦原よしげらばしげれおのがまま
とても道ある世とは思はず

この御製は、あきらかに前者を本歌として作られているが、たとえわが身はどうなろうとも、「おどろが下もふみわけて」挙兵することのできた後鳥羽上皇を、どんなにか羨ましく思われたことだろう。ここに謳《うた》われた「葦原」は、必ずしも徳川幕府を指したわけではなく、側近の公家たちも、風に流される葦のように、われもわれもと徳川方になびいていた。

天皇はしばしば「忍」の一字を書かれた。が、なまじ朝廷に権力がなかったことは、却《かえ》って仕合わせであったかも知れない。政略結婚によって結ばれた秀忠の女《むすめ》東福門院も思いのほかに優しく、美しい女性であった。

晩年は修学院に離宮を建て（て貰い）、和歌や書道に憂さを晴らしていられたが、はたして心の底から慰められたかどうか。八十五歳の長寿を完うした天皇の辞世は、そういう風にはひびかない。

ゆきゆきて思へばかなし末とほく
見えしたかねの花の白雪

（『別冊太陽　名筆百選』平凡社、一九八〇年）

花と器

序文

川瀬敏郎さんの花については、今まで何度も書いているので、ここに繰り返したくはない。ただ一つだけいっておきたいのは、それが展覧会や写真の撮影には適さないということだ。花ははかないものであるから、器に入れたその瞬間が命である。彼はそういう考えを執拗に守っている人で、極端なことをいえば、出来上がった作品に未練はないのだし、同じ花は二度と挿せないと信じている。別言すれば、それは結果ではなくて、いけて行く過程にある。人と花との一瞬の出合い――川瀬さんの新鮮さはそこにあるので、「一期一会」という言葉を、花に表現しているといっても過言ではないと思う。

そのようなものが展覧会や写真に向かないことは断るまでもない。彼が花をいけて見せる場合は、二、三十人ぐらいのグループの前で行うのが理想的なのだが、そんな贅沢なことをいっていては、広く世間の人々に問うことはできないので、一歩ゆずって、写真に写して作品集を出版することになった。カメラの小林さんには御苦労をかけたと思う。作品集を出すのは実は今度が二回目で、一回目の『風姿花伝』（文化出版局）とは趣向を変え、『花と器』という題にした。題は平凡だが、しっかりした形の器があって、花ははじめて生きるという「不易・流行」の理念に基づいており、並べかたにも工夫を凝らした。それは「目で見る花の歴史」、もしくは「花に見る日本の文化史」と呼んでもさし支えないと思うが、内容はそんな堅苦しいものではなく、そこに繰り広げられる花の絵巻の中に、たとえば平安朝なら平安時代の雰囲気を、桃山期なら桃山時代の思想を、自然に感じとって頂ければよいのである。

使用している器物の類も、なるべく時代に即したものを選んだが、あまりこだわりすぎると窮屈になるため、適当に取捨選択した。各時代に付した解説も同様で、どうしても必要なことだけに限り、あとは省略してある。今もいったように、花器には特別注意をはらっているので、東京の壺中居、京都の柳孝氏にお願いして、一流の名品を貸して頂くことができた。ほかに神山繁氏、高田装束店の高田倭男氏、大中寺の下山光悦氏などにもお世話になった。深く感謝する次第である。

一般に華道界の人々は、花を中心にして、器は二の次にする嫌いがあり、時には、花器を重んずることは沽券に関わると思っている向きもあるらしい。が、それは日本の花の伝統を無視したものの言である。何も高価な道具に限るといっているのではない、場合によっては、手近にある竹筒でもひさごでも種壺でも構わないのであるが、ただし、美しいことが条件である。人目を驚かすたぐいの壺や、自己を主張しすぎる器は、調和を乱す。古代はともかく、日本の花が、茶の湯によって発達したことを思えば、先ず器を知ることによって、或いは器を見る眼を育てることによって、花はいっそう美しく生かすことができるに違いない。あくまでも、花と器は持ちつ持たれつの関係にある。両者の間の完璧な一致と、各々の時代の精神を、この作品集の中に見て頂ければ幸いである。

そうはいっても、私たちは現代に生きている人間である。日本には、室町時代から、挿花の技術を詳しく示した書物があり、また絵巻物などにも、花を鑑賞している場面がたくさんあって、それらは絵としてみても中々美しいものであるが、では実際に、どんな花をいけたかということは、絵図や詞書だけではほんとうのところは判らない。たとえば朝顔を描いてあっても、今ある朝顔とは違っているだろうし、いける方法もこまかい部分まで知ることはできない。かりに昔のとおりにできたとしても、それは模倣にすぎず、現代の生活にもそぐわないであろう。花の歴史といっても、それは現代人の見た室町の花であり、桃山の花なのであって、似ていることよりも、本質に重きを置いた。したがって、この作品集はすべて「現代の花」と解していいのである。

今、川瀬さんは、一つの節目にさしかかっている。一生のうちに、人は何度かそういう危機に出会うものだが、一応世間には認められた、評判もいい、どんな花でも自由にこなすことができる、正にそういうこと自体が不安に感じる時期があるものだ。そこでそのまま世間の波に押し流されて終わるか、または踏み止どまって自己を顧みることにより、一段と大きく成長するか、ひとえに本人の心一つにかかっている。私の眼に狂いがなければ、川瀬さんは単なるお花の先生や、フラワー・デザイナーで終わる人間ではない。彼は、もう一度はじめからやり直したい、花を習いたい、といっている。どういう方法で学ぶのか、私は知らないけれども、忙しい現代人に一番欠けているのはそういう精神である。

先のことはわからないが、彼はまだ三十をちょっと出たばかりである。もう一度出直すことによって、新しい眼で何物かを獲得して、再生することを私は心から希《ねが》っている。

古代の花

伊奘冉尊《いざなみのみこと》、火神を生む時に、灼《や》かれて神退去《かむさ》りましぬ。故《かれ》、紀伊国の熊野の有馬村に葬《はふ》りまつる。土俗《くにひと》、此の神の魂を祭るには、花の時には亦《また》花を以《も》て祭る。又鼓《つづみ》吹《ふえ》幡《はた》旗を用《も》て、歌ひ舞ひて祭る。(「日本書紀」神代上)

紀州の熊野市から新宮に至る間に、「七里御浜」と名づける海岸があり、そこに「花の窟《いわや》」という巨大な洞窟がそびえている。これがイザナミノ尊の墓と伝えるところで、洞窟の上から参道へかけて太い縄を渡し、春の祭の時は、その縄に多くの花を結んで下げる。里人はその花にすがって、遠つ世の母なる神を念じて敬虔な祈りを捧げるのである。現在は色とりどりの生花を用いているが、神代の花がどんな花であったか、知る由もない。が、京都には「花折峠」という地名があり、仏に供える樒《しきみ》をとったと伝えるから、はじめは樒、榊の類をも「花」と呼んでいたのかもしれない。それは神への捧げ物であると同時に、神が降臨する依代《よりしろ》を意味した。門松もその一種であるが、床の間に花をいけるということも、それが神聖なものであることを語っている。

イザナミノ尊は、五穀を生んだ母神であるから、その祭は農耕の行事と深くかかわっていた。花は五穀の実りを象徴したので、たとえば桜や梅の咲きかたや、散りかたによって、その年の作物の吉凶を占う風習は今も各地に遺っている。新春に若菜を摘むことも、新しい生命を身につけて更生する、ひいては邪気を祓《はら》う呪《まじな》いとして、記紀、万葉の時代から行われた。そういう民間の風習が、宮廷の行事となって定着し、正月子の日に天皇に献上する七種の新菜を「わかな」と称したが、それが後に、正月七日に用いる「七草粥」となって現在に至っている。

春の若菜に対して、秋の七草もあった。この場合も、「七種《ななくさ》の花」と書くのが正しく、万葉集（巻八）に、有名な山上憶良の歌がのっている。

秋の野に咲きたる花を指折《およ》りかき数ふれば七種《ななくさ》の花
萩の花尾花葛花瞿麦《なでしこ》の花女郎花《をみなへし》また藤袴朝貌《あさがほ》の花

一首の短歌と、旋頭歌《せどうか》で一組になっており、七種の花を並べただけで、何の風趣もないが、指を折って数えるという行為と、ただ芸もなく花の名を謳《うた》いあげたところに、祈りに似たものを感じるのは私だけであろうか。物に名を与えるのは重大な仕事であったはずで、憶良は誰かの命により七種の花を設定したのかもしれない。もとより七草には諸説あって、花の名よりもむしろ「七種《くさ》」の方に重きが置かれたのであろう。

「飛鳥古京」（写真省略。以下同）は、飛鳥のあたりの風景を花に表現したものだが、「花会式」は、華やかな仏教の祭典を、唐招提寺伝来の仏器と、紅《くれない》の花のひと枝で象徴してある。花会式は、真言密教の曼荼羅《まんだら》に出た儀式であるが、特に薬師寺のそれは有名で、その場合は薬草の意味も兼ねており、植物染料で染めた造花を信者が頂いて帰るならわしになっていた。

「シルクロード」は、奈良の都のハイカラ趣味を諷した作品で〝アンダーソンの壺〟は一九二三、四年頃に、考古学者の Johan Gunnar Andersson《ヨハン・ガンナー・アンダーソン》が、中国の甘粛省で発見した彩色土器のことをいう。紀元前三千年から四千年前後の作と推定されており、それに用いたリラの花も、古代ギリシャや西域地方の原産と伝えている。

平安の花

川瀬さんの説によると、「かきつけばな」がつまって「かきつばた」になったという。紫の色が鮮やかなので、かきつばたの汁をとって、衣《きぬ》や紙に歌など書きつける習慣があったのであろう。別名を「かほよばな」ともいった。

三〇頁にあげたのは（写真省略。参照ページは底本のままとした。以下同）、業平「東下り」の歌の一つで、三河の国八橋に到着した時、かきつばたが美しく咲いているのを見て、「かきつばた」の五文字を句の上《かみ》において、旅の心を詠《よ》めと友人がいった。そこで作ったのが、「から衣きつつなれにしつましあればはるばるきぬるたびをしぞ思ふ」の歌である。（伊勢物語）

平安時代には、「物見遊山」も盛んになって行った。女性が外出する時は、市女笠をかぶり、顔を見られないように、周りに布を垂らすならわしであった。市女笠は、文字どおり、市で物を売る女の被りもので、菅《すげ》で作って漆で補強してあるが、姿が美しいので、貴族も取り入れたのであろう。

「紅葉の賀」は、源氏物語「紅葉の賀」の巻に構想を得ている。――光源氏は、紅葉の宴《うたげ》のために行幸される帝のお供をして、朱雀院へ行き、頭の中将とともに舞楽を奏した。

「いろいろに散りかふ木の葉の中より、青海波《せいがいは》の輝き出でたる様、いと恐しきまで見ゆ。かざしの紅葉いたう散りすぎて、顔の匂にけおされたる心地すれば、云々」と、源氏の舞姿を美しく描写している。時に光源氏は十八歳、輝くばかりの美貌と才能に恵まれて、人の世の憂いを知らぬ日々であった。

「乞巧奠《きこうでん》」は、七夕の古語で、七月七日の夜に、女性が機織りその他の手芸に上達することを、牽牛《けんぎゅう》・織女に祈った星祭りの行事である。庭先に竹を立て、机や角盥《つのだらい》を置いて香を焚き、管絃を奏するといったようなさまざまの約束事をともなっていた。中でも梶の葉は欠くことのできぬ供えもので、七枚の梶の葉に歌を書いて川へ流したが、それは天の川へ渡る舟のカジ（舵）にかけたものだという、ここでは夏の扇の「蝙蝠《かはほり》」に、梶の葉を配して、七夕の雰囲気を現している。

花の贈答が盛んに行われたことも、当時の物語や歌集に見えている。花の枝を切ったものに、文や歌をそえて贈ったが、ほかにいろいろの趣向を凝らすこともあったらしい。ここでは青竹を扇形に作って、梅の折枝をあしらい、結文《むすびぶみ》がつけてある。もう一つは、山に咲いている笹百合を手折って、あけびの蔓につけたものを、扇にのせてさし出すという遊山の気分である。

「薬玉」は、最初は薬狩で採集した薬草を束ねて乾燥させておくところから起こったが、後には香料を袋に入れ、まわりによもぎや菖蒲などをさし、五色の糸を垂らして装飾するようになった。よもぎも菖蒲も薬草であるから、疫病や災害を避けるための呪《まじな》いの意味を兼ね、簾《すだれ》や柱にかけて家の護りとしたのである。

「貝合せ」は、「貝覆い」ともいって、平安貴族の間で持て囃《はや》された遊びの一種である。蛤の貝殻を二つにわけ、その両方に描いた絵(もしくは歌)を合わせ、たくさん合わせた方を勝ちとした。源氏物語ほか多くの物語に描かれた優雅な遊びを、色とりどりの花に置き換えることで、平安貴族の生活の側面をとらえている。

文化が爛熟を極める一方では、求道心も旺盛になって行った。「厭離穢土《おんりえど》、欣求浄土《ごんぐじょうど》」とは、汚れた現世を嫌って、浄土を願い求める意で、恵心僧都《そうず》の往生要集によって、一般に行き渡った思想である。藤原氏の繁栄にも、次第に暗い陰がしのびより、来世を祈る心を現したのが、四二頁と四三頁の花である。

鎌倉の花

院政時代に入ると、「熊野詣《もうで》」が盛んになる。熊野三山の信仰を、ここに詳しく述べることはできないが、大ざっぱにいうと、先史時代からの自然信仰に、仏教の浄土思想が結びついて発展したもので、修験道の山伏によって全国へ普及して行った。中でも法皇の熊野御幸は、代を重ねるとともに頻繁になって行き、多大の経費と労力を費やしたが、それは変動期の不安な世相を反映しただけでなく、信仰の陰にかくれた政治的な意図も含まれていたに違いない。大峯修験の山伏集団と、瀬戸内を制した熊野水軍の勢力は、恐るべきものに成長していたのである。

鳥羽上皇の北面の武士であった西行が出家したのも、十二世紀の半ばであった。桜を愛した西行は吉野の奥に庵室を造り、高野山で修行をしていたが、その間に大峯山も踏破したらしい。熊野の山中で詠《よ》んだ歌が、「西行物語絵巻」その他に見えている。四八頁の作品は、山里の淋しさを、椿の実で現し、西行の歌の心を野の仏にたとえてある。

彼が放浪の旅をつづけている間に、世の中は大きく変化し、文治元年（一一八五）二月には、平家が壇の浦に壊滅する。安徳天皇の母后、建礼門院は、一旦は入水《じゅすい》したものの、源氏の兵に助けられて、都へ帰った後、尼になって、大原の奥、寂光院にこもった。後白河法皇が女院の庵室を訪れたのは、翌二年の晩春の頃で、平家物語「灌頂の巻」には、その御幸のことが哀れに美しく描写されている。五〇頁の作品は、平家一門の菩提を弔いつつ、ひとり寂しく行い澄ましている女院の姿を、一輪の蓮と宋の白磁にたとえてある。

いつしか世は源氏の時代と変わり、頼朝は鎌倉に幕府を建て、将軍となって君臨していた。建久三年（一一九二）には、三代将軍実朝が生まれ、青年時代に多くの名歌を遺したが、二十七歳の時、むざんにも甥の公暁の手にかかって殺される。そこで早くも源氏の世は終わるという目まぐるしい時代であった。その一方では、中国との交流が盛んになり、東大寺再建のために来日した宋の工人、陳和卿は、実朝に渡宋を勧め、大船まで建造しようと試みたが、それはついに果たせずに終わった。

日本の僧侶たちも、新しい仏教を求めて、宋へ渡ることが多くなり、鎌倉にも立派な寺院が建立されるようになった。日常の生活でも、唐物《からもの》が持て囃《はや》されたが、力強い形を持つ銅器や漆器は、新進気鋭の武家の好みにぴったりしたに違いない。

女性の中にも北条政子のような傑物が生まれたが、公家の姫君にも、個性の強い人々が出現した。中でも「とはずがたり」を書いた後深草院二条は、数奇な運命を生きぬいた特異な存在である。彼女は、太政大臣久我通光の孫女に生まれたが、四歳の時から母親とともに後深草院の身辺に仕え、院にかわいがられているうちに、いつしか寵愛をうける身となった。彼女にはほかにも何人かの恋人がおり、院の弟の亀山院や性助法親王とも関係があったので、ついに居たたまれなくなって、御所から退出し、出家した後は、西行の足跡を辿って諸国巡歴の旅に出る。正応二年（一二八九）、二条三十三歳の時であった。「とはずがたり」は、宮廷の退廃と乱脈の中で、自我に目ざめて行く女の姿を、赤裸々に描いた私小説で、綺麗事の物語のたぐいではない。そのような貴族の女性たちが、遠国まで旅をするようになって、次第に東《あずま》の果てにも、雅《みや》びの心が浸透して行ったのである。

南北朝の花

南北朝の動乱がはじまると、朝廷の勢力はますます衰え、完全に武家の天下となる。公家の中にも、後醍醐天皇に仕えた日野資朝や俊基のような気骨のある人物もいたが、彼らが世を去った後は、関東武士におもねって、武家の風俗を真似るようになり、「公家ニモ付カズ、武家ニモ似ズ、只都鄙ニ歩ミヲ失ヒシ人ノ如シ」（太平記）というみじめな有様となり果てた。

その頃、人目を驚かす栄耀栄華に耽溺《たんでき》した人物がいた。佐々木道誉（一三〇六―一三七三）である。彼は近江源氏の嫡流で、名を高氏といい、室町幕府の重鎮として、並ぶもののない権勢を誇っていた。「婆娑羅《ばさら》」の名の起こりは、この道誉にはじまる。バサラの語源はさだかではないが、最初は仏法の守護神、跋折羅《ばさら》大将から出たのではあるまいか。あの怒髪天をつく形相を思えば、当時の人々がバサラ大名やその一党を、どんなに恐れていたか想像することができる。

「太平記」巻二十一には、道誉が一族郎党をひきつれて、鷹狩りに行った帰りに、妙法院の庭の紅葉を折って、乱暴狼藉《ろうぜき》を働いたことが記されているが、新しい文化が生まれる時代には、そういう野蛮な行為が必要であるのかもしれない。彼らの風俗も徹底的に派手で、明るく、伝統的な公家の美意識を粉砕するほどの勢いがあった。早く言えば成金趣味なのだが、道誉は近江に四百年も君臨した豪族の首長である。現代の成金とは、……いや、太閤秀吉とさえ同一視することはできないであろう。彼は乱暴も働くかたわら、茶の湯、連歌、能狂言などにも達した教養人で、人にすぐれて風流を解することが、バサラ大名の条件の一つであった。道誉には、「立花口伝之大事」という著書もあるそうで、華道にも一家言を持つ人物であったことが判る。

有名な大原野の花会のことは、「太平記」巻三十九に詳しく語られている。それは貞治五年（一三六六）三月四日のことだった。その日、将軍家でも花見の宴を催すことに定まっていたが、道誉は例の横車を押して、「京中ノ道々ノ物ノ上手共、独リモ残サズ皆引具シテ」大原野へ連れて行き、前代未聞の贅沢な茶会を行ったのである。道には南蛮渡来の織物を敷きつめ、橋は金襴緞子《どんす》で飾りたて、あちらの木のもと、こちらの花の下に茶席を設けるといった調子で、散りかかる桜と香の薫りは全山に満ち、「梅檀《せんだん》ノ林ニ入ルカト怪シマル」豪華さであった。

さてその花見はと言えば、本堂の前に四本の桜の大木が立っており、その前に、一丈余り（三メートル以上）の真鍮の大壺を置き、机を並べて、名香を焚くという奇抜な趣向で、自然の景色をそのまま「花」に見立てて鑑賞したのである。成金趣味もここまで徹すれば見事なもので、秀吉の「黄金の茶室」の比ではない。バサラは過渡期に咲いた狂い咲きの花であったが、その遊興の精神は、長く後世にひきつがれ、日本の文化に新しい生命を与える原動力となったのである。

川瀬さんは、「バサラの花」を一度試してみたいといっていた。真鍮の花瓶まで作るには至らなかったが、竹の枠をこしらえて、桜の大枝を切っていけたのが、以下につづく連作の写真である。よろず貧相になり下った現代の日本では、道誉の花見を再現することは不可能だが、はじめにもいったとおり、川瀬さんの花は、いけている間の動きの中にある。その動作を通じて、バサラの心意気を伝えることはできたと思う。この花ならぬ花こそ「立花《たてはな》」のはじまりであり、ほんとうの意味での「日本の花」はここから誕生する。

室町の花

足利義満の代になると、室町幕府の基礎はかたまり、一時的ではあるが、平和がおとずれる。茶の湯、連歌をはじめとして、さまざまの芸能がこの時期に完成し、花もしっかりした形式を持ちはじめる。公家の美意識に反抗したバサラは影をひそめたが、室町文化に新しいいぶきと生命力を与えたことは否めない。そうかといって、長い間に培われた宮廷文化は、一朝一夕で滅びるものではなく、再び別の形で、復活するようになった。

「七夕法楽」と「宮廷立花」は、よくこの時代の精神を伝えている。平安以前から行われていた七夕祭（乞巧奠）は、ひそやかな神事から大仕掛けな遊びに発展し、たてまえは神仏に捧げる「法楽」であっても、実質的には器と花を競う展覧会と化していた。それも単に花を賞翫するだけでなく、自慢の屏風や絵画の類を所せきまで並べ立て、その前で茶の湯を行い、酒宴を催し、歌を作ったり、音楽を奏して、ついには乱舞に及ぶという大宴会に終始した。むろん香合わせや花合わせのような博奕《ばくえき》も行ったであろう。七夕法楽は、あらゆる芸を披露する総合芸術の舞台でもあったわけで、後世のさまざまの文化を育《はぐく》む地盤となった。

その時に用いた美術品や道具が、すべて「唐物」であったことは注意していい。日本人は何につけ、本格的な形を得たいと欲する時、舶来のものに手本を求める。これは非常に興味ある特徴だが、今そのことに触れている暇はない。室町時代は、ちょうどそういう時期に当たっており、たとえば中国のしっかりした銅器に則《のつと》って「立花」を創造し、花の基本的な形を発見するに至った。義満の「金閣」も、義政の「銀閣」も、中国の建築を、日本の風土に同化させることによって独自の様式を造りあげたのである。外国一辺倒に堕することなく、柔軟な心で自由に選択したところに、当時の人々の教養が見出せるといえよう。

唐物を愛玩するかたわら、王朝の雅《みや》びに還りたいという復古精神も旺盛だった。連歌の流行も、その一つの現れであろうが、中でも世阿弥は、王朝の雰囲気を新興の猿楽に取り入れて観客を魅了した。彼の作品の殆どが、平安朝の美男美女に限られている。花といえば、世阿弥は花伝書を記して、能の花の理想的な姿を描いたが、宮廷立花や、七夕法楽から、吸収したものは多かったに違いない。室町時代は、ひと口にいえば、総合の時代であり、人間の付き合いと遊びの中から、新しい芸術が芽生えたのである。茶の湯も、連歌も、猿楽も、挿花も、公家と武家と民衆が一体となって造りあげたものに他ならない。一糸乱れぬ「殿中茶湯」に対して、洒脱な「盆景」が生まれたことも、当時の世相を反映している。盆景は「砂の物」のたぐいで、立花を能と心得れば、砂の物は狂言に譬えられるとしたのは面白い。上品な立花は「静」を象徴しているが、砂の物は「動」を現し、あばれた形の表現だからである。そして静かな能の中にも、動の部分は常に存在するのであって、両者相俟《ま》って、はじめて完全な形となる、というのが世阿弥の考えかたであった。

無上の上手の猿楽に、物数の後、二曲（舞いと歌）も、物真似も、きり（華やかな見せ物）も、さしてなき能の、さびさびとしたるうちに、何とやらん感心のある所あり。これを冷えたる曲とも申す也。（「花鏡」——批判の事）

括弧と傍点を付したのは私だが、このような境地こそ、花にたとえれば「方丈の庵」、

「冷えたる花」に共通する芸の極致といえるであろう。

桃山の花

天正十三年（一五八五）、関白になった豊臣秀吉は、織田信長も果たせなかった禁裏茶会を、正親町天皇の御所で催し、並いる貴族の前で自ら天皇に茶を献じた。その後見役に選ばれたのが千宗易で、一介の町人では参内できないために天皇から居士《こじ》号を賜わり、以来、「利休」と名のるようになる。翌天正十四年正月、秀吉は再び禁裏で茶会を催したが、その時造ったのが、かの有名な「黄金の茶室」であった。

さいわいこの茶室の設計図が遺っていたので、今、復元されて、熱海のMOA美術館で見ることができる。三畳敷の茶室の、天井から壁、障子の桟に至るまで金箔が張られ、道具もすべて黄金ずくめという豪華さは、目もくらむばかりだが、うかつなことに私は、この建築が取りはずしの利く組立家屋であることを忘れていたのである。そう言えば、秀吉は、北野の茶会にも、黄金の茶室を持参したのであったが、実際に見るまで私は、再建したのだと思っていた。そういう眼で眺めてみると、いかにもこの茶室は小さい。建築というより指物に近い。何だ、秀吉の玩具じゃないか、一瞬そう思ったが、たとえ玩具にしても、こんな道具で遊んだ人物は、やはり只者ではあるまい。私はそこに、秀吉の大きさと、小ささを、同時に見たような感じがして、名状しがたい気持ちにおそわれるのであった。

「黄金の茶室」は、その名状しがたい気持ちをよくとらえていると思う。あえて説明するにも及ぶまい。それに比べたら、たとえば「草庵の花」、「小座敷の花」などは、はるかに安定した姿で自足しており、どちらかと言えば、利休の世界に属している。だが、秀吉と利休の違いが如実に現れているのは、「醍醐の花見」と「わび茶」ではなかろうか。特に幔幕には注意して頂きたい。厚手の絹に美しい桐の文様が三つ（大きいので一つしか撮影できなかったが）、紐から箱に至るまで当時のものが完全に遺っている。箱の表には、鮮やかな書体で、「太閤秀吉拝領」と記してあり、慶長三年（一五九八）三月の「醍醐の花見」に用いた幕であることは紛れもない。このような珍品には、一生のうち何度も出会うことはできないので、柳さんに頼んで撮影させて貰った。眺めていると、心は桃山の春に遊び、花見の酒に酔ったような気分になる。慶長三年といえば、利休は既に亡く、その年の夏には、秀吉も没してしまう。醍醐の花見は、いわば秀吉が最後に咲かせた花なのであって、桜の花には何となくそういうことを想わせる寂しさがつきまとう。豪華であって、しかも物の哀れを感じさせる桜こそ、桃山文化を象徴する花といえるかも知れない。

　室町時代の花を「真」にたとえるなら、桃山期は「行・草」の時代で、さまざまの意匠が工夫されて発達した。「装飾花」も、この時代に大きな発展をとげ、書院や座敷に飾られることとなった。室町時代に愛好された「唐物」も、利休などはもっと自由に茶湯の中に取り入れ、同じ中国でも南方の工芸品や、オランダ渡りの器、朝鮮の茶碗などを盛んに用いたことはよく知られている。彼の思想は、あくまでもわび・さびの境にあったが、その眼は広く世界中に及んでおり、飽くことのない貪欲さで自分の物にしたのである。現代人は、わびとかさびといったようなものを、誤解しているのではあるまいか。外面的には侘びしく、寂しい境地であるが、何もないということは、また何でも在るということだ。無は有に通ずる。利休の信念はそこにあったので、「黄金の茶室」などは、児戯にひとしいものと映ったに違いない。秀吉と利休の違いは、今の世にも厳然と生きており、くり返し訣別しなければならない運命にある。

江戸の花

徳川三百年の平和は、名実ともに鎖国の時代であった。江戸幕府のもとで人心は安定し、物事が整備されて行く反面では、覇気を失い、茶の湯は茶道に、花は華道と呼ばれるようになって定着して行く。平安時代から行われていた季節の祭りも、この時から幕府は「五節句」に制定し、一般民衆の間に流布されるようになった。

先ず一月七日の若菜の節会《せちえ》は「人日《じんじつ》」、三月三日の雛祭りは「上巳《じょうし》」、五月五日の「端午」は、菖蒲を厄除けに飾るところから「尚武」に通ずるとされ、七月七日の七夕は

「七夕《しちせき》」に、九月九日の菊の宴《うたげ》は「重陽《ちょうよう》」と呼ばれるようになる。そういう名前は昔からないこともなかったが、漢学が流行した時代だから、大和言葉は排されたのであろう。それでも民間では、昔どおりに七草とか、雛祭りとか、タナバタといっていたに違いない。この作品集の「五節句」の花は、むろん徳川時代のいけ方ではなく、当時の季節観を現代の花に翻訳してみせたにすぎない。

茶道の世界では、依然として利休のわび茶が優位を占めていたが、江戸初期の茶人では、古田織部（一五四四—一六一五）の存在を忘れることはできない。彼は美濃の住人で、信長と秀吉に仕えた大名であったが、後に二代将軍秀忠の師範となり、利休の跡をつぐ人として一世を風靡《ふうび》した。その好みは、「ヒヅミ」、もしくは「ヘウケモノ」（剽げ物）にあったといわれ、形が自然にゆがんだり、曲がったりしたものに新しい美を見いだした。このことは、織部の焼きものを見れば一目瞭然だが、いわゆる織部好みも極端に誇張されるといや味になる。今、「織部」と称されているものには後世の作が多く、織部自身が目指したあそびの境地とは程遠い。

本阿弥光悦（一五五八—一六三七）も織部の弟子の一人であった。鷹ヶ峰に、今の言葉でいえば芸術村を造り、灰屋紹益（一六一〇—一六九一）をして、「光悦はよをわたるすべ、一生さらに知らず」といわしめた程の自由奔放な生活を送った。彼は、書画、陶器、漆芸、その他の工芸品に目を見はるような美しいものを創作し、俵屋宗達らとともに、「琳派」の元を築いたことは周知の事実である。尾形光琳と乾山は光悦の血縁にあたり、豊かな才能と比類のない趣味で、風流の極致ともいえる作品の数々を遺した。

徳川初期といっても、織部や光悦は、どちらかといえば桃山時代の人間で、その後の江戸の文化に大きな影響を与えたのである。光悦亡き後の指導者は、織部の弟子の小堀遠州（一五七九―一六四七）であった。彼も秀吉に仕えた大名の一人で、特に建築と造園に秀でていたが、スケールは大分小さくなる。「きれいさび」とは誰が唱えたことか私は知らないが、きめ細かに、品よくととのった遠州の作風は、一一九頁の花に小気味よく再現されている。

「不立文字《ふりゆうもんじ》」は禅宗の言葉で、言葉を媒介とせず、心から心へ伝える意。「一期一会」は、茶道から出た言葉で、茶席で人と会う時は、その都度一生に一度の出会いと思って付き合う意味であるが、こういう言葉は、阿吽《あうん》の呼吸みたいなもので、現代語に直すと忽ち光を失ってしまう。無言で花を見るに如《し》かずである。

軽みを主にした江戸の花は、俳諧の道とも共通するものがあり、武家から次第に町人の暮らしの中に滲透して行った。そのようにして発展しつづけた花の文化は、ついに現代の隆盛を見るに至ったが、はたしてはやることはそれ程いいことであろうか。古代から徳川時代に至る川瀬さんの作品を見て、そのことをよく考えて頂きたい。川瀬さんには流儀はない。昔の人々がそうしたように、人はそれぞれ自分の花を造るべきだと彼は思っている。そのために、この作品集が、いくらかでも読者の参考になり、それを通じて私たちの真意をよみとって下さるならば、これ以上の喜びはない。

（『花と器』神無書房、一九八三年）

木とつき合う

机の前に座って、あらためて周囲を見回してみると、私たち日本人が、どんなに木のお世話になっているか、その生活の大部分が、木によって成り立っていることを痛感せずにはいられない。大は建築から、家具や調度の類、小はお箸から紙に至るまで、木でできている。染めものや織りものでも、樹皮や木灰を使っているものは少なくない。私どもの場合は、古い農家を直して住んでいるので、ことさらそう思うのかも知れないが、木にかこまれて暮らしているにも拘《かかわ》らず、ほとんど意識しないでいられるのは、木にそなわった自然の温かみと柔らかさのたまものであろう。

木というものを私がはじめて認識したのは、その形でも色でもなく、匂いであった。まだ三歳か四歳の時だったと思う。家の食堂に大きな食器棚がおいてあり、上の棚には食器がつまっていたが、下のほうは観音びらきになっていて、なぜかそこは空《から》になっていた。ある時、扉をひらいてみると、何ともいえぬいい匂いがしたので、中へ入って扉をしめてしまった。匂いを言葉でいい表すのはむつかしいが、それはちょっと樟脳《しょうのう》に似た、お香と果物が入り交じったような香りであった。樟脳に似ていたことを想うと、樟《くすのき》で作られていたのかも知れない。その時以来私は、何時間も棚の中に閉じこもるようになり、ただうっとりと木の香の中に浸っていた。思えば変な経験であるが、香りというのは不思議なもので、一生を通じて身につくものらしい。こうして机に向かっていても、あの爽やかな匂いがどこからともなく甦《よみがえ》って来る。日本で仏像彫刻がはじめて造られた頃、――それは推古から白鳳時代にかけてであるが、樟を素材にしたことが私にはよくわかるような気がする。中国の檀像《だんぞう》（白檀《びゃくだん》で造った仏像）を模したにしても、ただ芳香を放つ木というだけでなく、「奇《く》しき霊木」として古くから崇められていたに違いない。

嗅覚の次に知ったのは木の触感である。それはだんだんに育って行ったようで、匂いのように鮮明な記憶はない。どちらにしても原始的な感覚にすぎないが、木の手ざわりとか、味とかいうものは、歳とともに深まるものらしく、近頃はお箸一つでも気になって仕方がない。外で食べる時まで気にするわけではないが、少なくとも自分の箸は白木《しらき》にかぎる。現在は、吉野の赤杉の箸を愛用しているが、それにもいろいろ種類があって、さすがに利休の創案によるものは、重さといい、手ざわりといい、申し分がない。ナイフやフォークを使っている外国人には、こういう愉しみは味わえないだろう。といって、私は別に自慢したいわけではなく、何千年もかかって培《つちか》われた木の文化が、お箸の末に至るまで浸透していることに、今さらのように驚くのだ。

現代の若者には、西洋人なみの関心しかないと想うが、それはチャンスがなかっただけのことで、ふとした時にそういうものにめぐり合えば、祖先の記憶は還って来るに違いない。私どもの次男が英国に留学していた時、友達と散歩に行った途中で、実にみごとな大木に出会った。

「ああ、この木には魂がある」

彼が思わずそう呟《つぶや》くと、英国人の友達はみな怪訝《けげん》な顔をしたが、その中にひとり中国人が交じっていて、

「ほんとにそうだ。魂がある」

と、二人は手をとりあって感激したという。

日本の神社には、必ず注連縄《しめなわ》をはりめぐらした神木が立っている。古代には、その木に神が降臨すると信じられていた。三輪神社の「神杉」などは、その代表的なものであるが、そういう信仰がまったく失われた今日でも、お正月には門松をかざり、七夕には竹を立てる。どんど焼きも、松あげの行事も、祇園祭りの鉾も、能舞台の鏡板《かがみいた》の松に至るまで、すべて神の依代《よりしろ》を表したものに他ならない。別の言葉でいえば、神の立ち会いのもとに、或いは新春を寿《ことほ》ぎ、或いは悪魔を退散し、怨霊《おんりょう》を鎮めることによって、人に仕合わせをもたらす祭事にはじまっている。その源は農耕儀礼にあるが、いつも木が中

心になっているのは注意していいことだ。私たちの木に対する愛着も、畏敬の念も、そういう長い伝統のもとに生まれた。特に、自然のままの白木や木理《もくめ》を尊重する習慣は、一つの思想にまで達している。これを素材という言葉におきかえてもいいが、西洋人の自然観は私たちとは違って、自然は克服する対象であり、闘う相手であって、人間が手を加えることではじめて活きると確信している。料理を見てもわかるように、彼らは材料より、加工に重きをおく。中国料理にしてもそうである。だから、日本の料理は料理ではない、などといわれるのだが、そういう考えかたからいえば、日本の建築も、まさしく紙と木ででっちあげた兎小屋にすぎず、美術も工芸も存在価値を失う。お椀やお盆に漆がかけてあるのは、素材を大切に保存するのが目的で、加工のための加工ではないのである。

私の所へ遊びにみえる関野晃平《こうへい》さんは、黒田辰秋氏の弟子で、しっかりした木工の職人であるが、あんまり美しい材料を手に入れた時は、加工するのが惜しくなって、仕事場においていつまでも眺めている、と語った。京都の指物師《さしものし》、「江南《えなみ》」の工房には、みごとな桐の古材が立てかけてあるので、主人の和田伊三郎さんに訊いてみると、お祖父さんの代からあったものの由《よし》で、やはり惜しくて、切る気になれないでいるという。織りものの田島隆夫さんにしても同様で、美しい糸は糸のままで眺めていることが好きらしい。たとえ加工しなくても、彼らは素材から目に見えぬ恩恵をこうむっているので、私もそういう職人衆から、仕事の真髄を教えられることが多いのである。

匂いからはじまって、手ざわりへ、そして視覚へと進んだ私の木とのつき合いは、西洋人とは正反対の道を辿った、といえよう。先にもいったように、嗅覚や触覚は原始的なものだから、頭で考えることを必要としないが、それだけに逆行することはむつかしいのではないか。だが、木にとどまらず、日本人の思想を理解するためには、原始の感覚をなおざりにすることはできない。香を聞く、陶器を味わう、という言葉があるように、ものを見る時も造る時も、五感のすべてを駆使して集中する必要がある。頭でっかちの現代作家は、とかく外側ばかり飾りたがるが、古今東西を問わず、そういう仕事は根無し草にひとしい。伊賀の陶工の福森雅武さんは、ある時ろくろを挽きながら、こんなことをいった。

「焼きものは、中をしっかり作っておけば、外はおのずから従《つ》いて来るものです」

(『太陽』一九八四年四月号)

古面の魅力十選

『能面』の本を書いた時、私は日本の仮面の源泉を求めて、できる限り見て歩いた。その豊富で多様なことに私は驚いたが、そこで気がついたのは呪術的な土俗の面とはまったく次元の違うことであった。これはその遍歴のはてに行きついた最高にして最後の十点である。

1　伎楽《ぎがく》面〈崑崙《こんろん》〉

伎楽は七世紀のはじめに将来された仮面劇で、大寺の法会《ほうえ》などで行なわれた。一貫した筋はなく、面の種類も多様にわたっているのをみると、最初はギリシャから西域・印度を経て、さまざまなものを吸収しつつ、中国経由で朝鮮からもたらされたのであろう。

この崑崙の面も、名前からして西方の異国人であることを語っている。現存する伎楽面の中では一番古く、力強い肉取りは、これを作った人間のエネルギイを感じさせる。尖った獣耳と、鋭い牙は、後世の能面（たとえば獅子口）にも受けつがれたが、悲しい

伎楽面「崑崙」（東京国立博物館蔵）

かなこれほどの迫力はない。

だが、堂々とした風貌の崑崙も、伎楽の中では哀れな役を担わされている。美しい「呉女《ごじょ》」に懸想《けそう》して、「力士」にさんざんにやっつけられる。この面を眺めていると、強い表情の奥に、強いものの持つ鬱々とした哀しみが秘められているように思う。（法隆寺献納宝物、七世紀、樟《くす》材彩色、全長三十三・九センチ、東京国立博物館蔵）

2　伎楽面〈呉女〉

伎楽はクレガクとも呼ばれ、中国東南地方の呉《ご》の文化の影響も受けていた。これは呉《ご》公《こう》のお姫さまの面で、伎楽面の中では、これだけが東洋的な表情をしている（写真省略。以下同）。美しい女が、西域風の蕃族では、通用しなかったのが面白い。材は桐で、全体に柔らかく作ってあるが、天平美人の豊満さはなく、きりっと引きしまって、清楚な印象を与えるのは、時代が少し古いからだろう。

伎楽の中では、この呉女が、崑崙にしつこく追いまわされる。そこへ力士が登場して救うのだが、平安末期の「教訓抄《きようくんしよう》」によれば、これを「マラフリ舞《まい》」といい、外道《げどう》崑崙の「マラカタニ縄ヲ付テ、件《くだん》ノラヲ打ヲリ、云々《うんぬん》」とあるのは、ずい分露骨な演技をやってのけたらしい。そういうところがギリシャ劇に似ているのであるが、仏前でそのような演技を見物して、呵々大笑した当時の人々は、実に健康で、屈託がなかった。（法隆寺献納宝物、八世紀、桐材彩色、全長三十三・九センチ、東京国立博物館蔵）

3　伎楽面〈呉公〉

ゴコウ、またはクレノキミと訓《よ》む。その名のとおり、品格の高い表情で、透かし彫りの美しい冠をつけている。彩色が落剝《らくはく》して、下からみごとな樟の木目が現れているのも美しい。手にとってみれば、きっと紙のように軽くなっているのではないかと想像される。杏仁《きようにん》形の眼も、厚ぼったい唇も、たっぷりした耳朶《みみたぶ》も、推古仏を想わせるが、同じ呉公でも、正倉院に伝わっているものは、もはや類型化し、硬い表情になって、この面に見るような柔らかさも、おおらかさも失われている。時代の差というのは恐ろしいものである。

「教訓抄」には、扇を持って登場し、笛を吹くと書いてあるが、面をつけていては吹ける筈はないから、笛は楽人が担当し、呉公は扇で笛を吹く仕草をしたのかも知れない。いかにも貴人にふさわしい堂々とした態度で、呉女をしたがえて、悠然と舞台に現れたに違いない。(法隆寺献納宝物、七世紀、樟材彩色、全長二十九・九センチ、東京国立博物館蔵)

4　伎楽面〈迦楼羅《かるら》〉

カルラは印度の霊鳥である。梵語でガルダといい、竜をたべる鳥として、仏教の守護神となった。興福寺の阿修羅とともに、八部衆の一人として祀られていることを御承知の方は多いと思う。印度の舞踊では今でも行なわれており、凄まじい迫力のある踊りである。おおかた伎楽でも翼のような衣装をつけ、速いテムポで乱舞いしたのであろう。

このカルラの面は、そういうことを想像させるに足る気迫に満ちている。やはり先の尖った獣耳を持ち、頭には鶏冠を立てて鋭い眼で周囲を威圧する。写真ではよくわからないが、大きな鼻を下から持ち上げるように嘴《くちばし》を突出し、その無理な表現が少しも不自然には見えない。材は樟で、緑青《ろくしょう》や朱の彩色がよく残り、眼に金と銀を使っているのも、化生《けしょう》のものであることを示している。天平時代のカルラ面になると、烏天狗みたいになってしまうが、さすがに推古の彫刻は力強く、霊鳥の神秘と怪奇をよくとらえている。
（法隆寺献納宝物、七世紀、樟材彩色、全長二十八・六センチ、東京国立博物館蔵）

5　舞楽面〈石川《せっせん》〉

舞楽は伎楽とほぼ同じ時期に渡来したが、伎楽の方が単純で、わかりやすかったためか、長い間かえりみられなかった。一名雅楽《ががく》とも呼ばれるように、それはみやびな音楽であり、その音楽にともなう舞踊も、高度の技術を要した。やっと日の目を見たのは平安初期で、やがて一世を風靡したことは、「源氏物語」などにくわしい。

ここにあげた〈石川〉は、舞楽面の中ではもっとも古く、かつ美しい面だと私は思っている。伎楽面に比べると、全体の感じが和様になり、単純化された刀の冴えがすばらしい。材は檜《ひのき》で、日本の彫刻家はこの時代に、彫刻に一番適した良材を発見したのであろう。彩色はほとんど落ちて、檜の柾目《まさめ》の美しさが、その柔らかい触感とともに伝わってくる。「石川」の曲は平安中期に絶えたが、絶えたために却って初期の舞楽を象徴す

る作品として鑑賞することができる。（十世紀、檜材、全長二十・五センチ、法隆寺蔵）

6 舞楽面〈陵王《りょうおう》〉

中国北斉の蘭陵王は、あまりに美しい顔をしていたため、兵士がみとれて働かないので、このような怪奇な面をつけて、戦いに臨んだという。頭上に竜を頂き、大きな眼窩《がんか》の中に両眼を見開き、口は吊り顎《あご》になっていて、躍動するたびにゆれ動く仕かけに作ってある。この面は、舞楽の最盛期の作で、彩色ははでで、彫りも洗練されている。

陵王の面は、「蘭陵王」の曲に用いるが、私がはじめて見たのは、奈良春日神社のおんまつりの夜であった。当時は明け方まで舞楽が行なわれたが、明るい満月のもと、かがり火に照らされて、金色《こんじき》にかがやく急テムポの乱舞いは、この世のものとも思われず、心身ともに陶酔したのであった。その時私は、王朝の魂にふれる思いがした。それはけっして今考えるような幽に優しいものではなく、実は烈しく、豊かな情熱に裏打ちされているということだった。（重文、十二世紀、木造、全長四十一・五センチ、厳島神社蔵）

7 能面〈翁《おきな》〉

ドラマティックな伎楽面や舞楽面に比べると、能面の〈翁〉は、何と柔和で、ほのぼのとした表情をしていることか。

能の前身、中楽《さるがく》（猿楽）は農耕の祭りに出ており、華々しい外来の芸術の蔭で、ひそかに、だが着実に成長をつづけていた。これこそ私たちの祖先が、数百年をかけて、日本の土壌の中から発見した正真正銘の日本人の顔だったのである。形は小さくなり、彫りも浅くなって、一見頼りなげに見えるが、造形的に惰弱になったわけではない。陶器にたとえれば、上代の須恵器《すえき》と志野の茶碗の相違みたいなもので、しっかりした様式の代わりに、人間味ゆたかな温かさを獲得したといえようか。

この老人は、何も見ていないし、何も思ってはいない。ただ、そこに在るだけで、人の心を和《なご》やかにし、自らも充足している。そういうものが、昔の人々が夢みた至福の境地であり、平和のシムボルでもあった。（十四世紀、檜材彩色、全長十八センチ、米国・クリーブランド美術館蔵）

8　能面〈女〉

能面の源を求めて放浪していた頃、大和の山奥の神社で、この面に出会った時は感動した。能の本来の姿にふれたと思った。そういう意味で、私にとっては記念すべき事件だったのである。

こう書いてしまうと、あとは何もいうことはない。時代も作者も不明だし、名前もただ「女」としてあるだけで、どんな能に用いたのか判らない。小面《こおもて》とか、若女《わかおんな》とか、増《ぞう》、

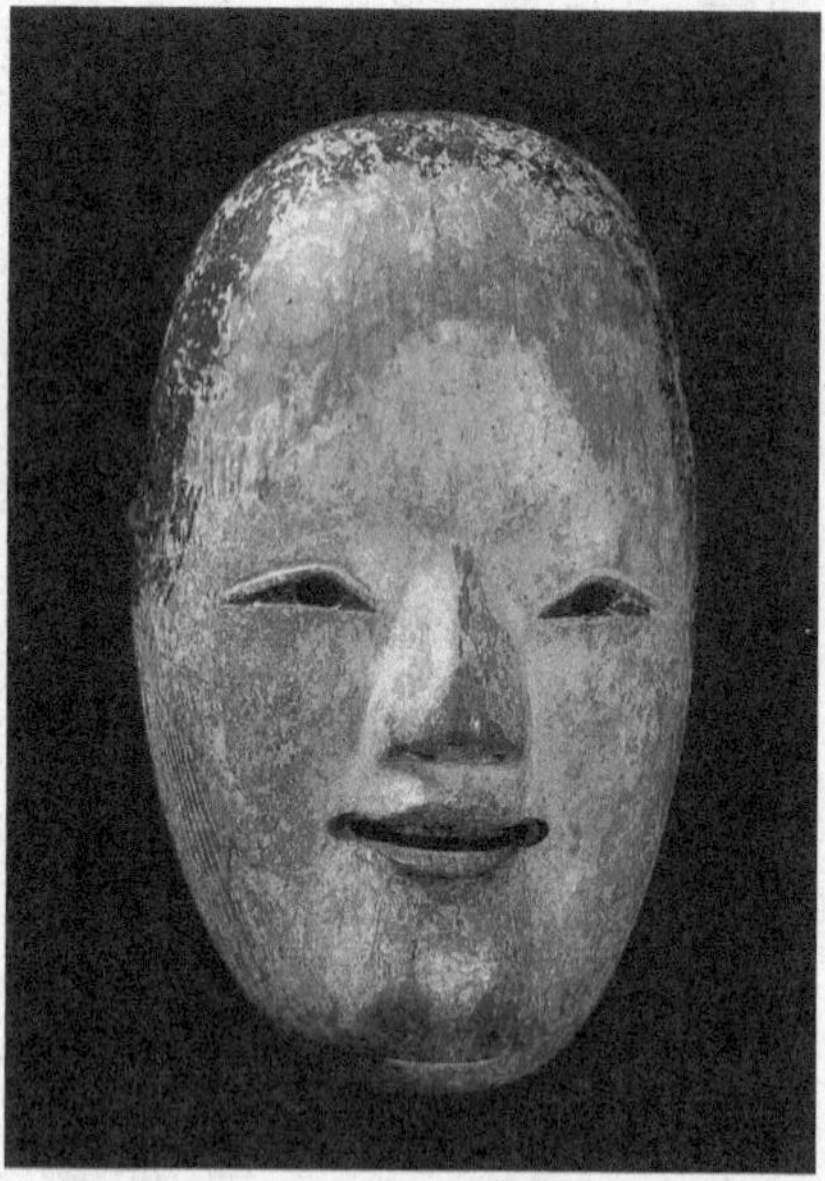

能面「女」(丹生神社蔵)

万媚《まんび》、孫次郎《まごじろう》などの銘が現れるのは後のことで、分類されるにしたがい、それぞれの面が内容と形式を持つようになって行く。だが、これはいかにもただの「女」であり、それ以上の何を必要とするのか、といいたげな表情である。しいていうなら、唐津の盃《さかずき》のように、自然で、からっとして、てらいがないのが魅力であるが、こういう面を眺めていると、いわゆる美人と、いい女との違いが、よく判るような気がする。(室町初期、

檜材彩色、全長二十一センチ、奈良市丹生《にう》町・丹生神社蔵）

9　能面〈尉《じょう》〉

永享四年（一四三二）八月、世阿弥は嫡子十郎元雅《もとまさ》を失った。一説に、殺されたともいわれている。「子ながらも類なき達人」と世阿弥がいっているように、不世出の能の名手であり、無二の後継者を失ったことは、七十歳の父親にとって、想像を絶する打撃であったろう。

この〈尉〉の面は、それより二年前の永享二年、元雅が吉野・天河社《てんかわしゃ》に奉納した。面裏にそういう墨銘が記してある。写真ではよく判らないが（写真省略。以下同）、頰骨が極端につき出ており、そのために顎の部分がげっそり落ちくぼんでいる。遠くの方を見つめる眼も、力無く開いた唇も、老人の悲哀と諦観を如実にとらえており、思いなしか、やがておそいかかる絶望的な終末を予感しているように見えなくもない。分類すれば〈阿古父尉《あこぶじょう》〉の一種で、下賤な老人の面であるが、後世の作には、こんな大胆な表現を見ることはできない。（十五世紀、檜材彩色、全長二十センチ、奈良県天河大弁財天社蔵）

10　狂言面〈乙《おと》〉

オトにはさまざまの意味合いがある。甲乙の乙であり、弟のオトでもあって、次に来るもの、もしくは年若なもののことを表す。また、美しい、愛らしいという意味もある反面、劣る、落とす、貶《おと》しめる、などから、醜い女の形容ともなる。

この〈乙〉の面は、それらすべてを包含していると思う。おでこで、団子っ鼻で、太っていて、典型的な醜女《しこめ》ではあるが、いかにも愛嬌があって、かわいらしい。舌を出しているのは、心にわだかまりのない証拠であり、相手に対して敵意のないことを示している。

狂言は、能の幕間《まくあい》に演じる喜劇で、パロディー的な要素も多分にある。女面の幽玄に対する醜女の滑稽さで、能の厳粛な空気をやわらげ、バランスを保っている。後世の〈乙〉になると、その滑稽さが誇張されて、野卑なおかめに堕してしまうが、この作品には一種の厳しさと、品のよさがある。彫刻に気迫がこもっている所以《ゆえん》であろう。（室町初期、檜材彩色、全長十六・一センチ）

（「日本経済新聞」一九八五年十月十七日〜十一月四日）

日本の百宝

日本の宝を百点あげるというのは、大変むつかしいことであり、やさしいことでもある。正倉院の宝物だけでも、わけなく百点えらべるだろうし、梅原龍三郎の「北京秋天」と「天壇」と、どちらが優れているかといえば、返答に困る。私の友人の中には、「小林秀雄の脳ミソ」、「青山二郎の目玉」といった人もおり、大真面目に考えればそういうことにもなる。

が、これは「芸術新潮」四百号記念のいわばお祭りである。結果として私の場合は、以下に見るごとく、総花式なおつき合いになってしまったが、それでもなお若干の個人差はあり、もし興味をひくとすれば、その点にあると思う。

だが、かりに百点が十点であったなら、笑談事ではなくなる。私は頭痛鉢巻きで苦吟したに違いない。この次は、——というのはたぶん五百号記念になると想うが、そういう企画を立てて頂きたい。その頃にはもう私はいなくなっているだろうから、安心して勝手なことを提案する次第である。

1 法隆寺夢殿　救世《ぐぜ》観音像
2 法輪寺　虚空蔵《こくうぞう》菩薩立像
3 中宮寺　弥勒菩薩半跏《はんか》像
4 聖林寺《しょうりんじ》　十一面観音像
5 玉虫厨子〈法隆寺〉
6 法隆寺　五重塔・金堂〈建築〉
7 平等院　鳳凰堂〈建築〉
8 桂離宮〈建築・庭園〉
9 修学院《しゅがくいん》離宮〈建築・庭園〉
10 伎楽《ぎがく》面〈法隆寺献納宝物〉〈東京国立博物館〉
11 長次郎《ちょうじろう》　赤楽《らく》茶碗　銘「無一物《むいちぶつ》」〈穎川《えがわ》美術館〉
12 志野茶碗　銘「卯花墻《うのはながき》」
13 正倉院〈建築〉
14 黒柿両面厨子《ずし》〈正倉院〉
15 赤漆文欟木《せきしつぶんかんぼく》御厨子〈正倉院〉
16 楽器一式〈正倉院〉
17 布地染織一式〈正倉院〉

18 石塔寺《いしどうじ》　石造三重塔〈滋賀県〉

19 宝塔（牛塔）（関寺旧蔵）〈大津市　長安寺〉

20 笠置寺　虚空蔵石仏〈京都府〉

21 宮山古墳出土　埴輪〈奈良県〉

22 献物帳《けんもつちょう》〈正倉院〉

23 楽毅《がくき》論〈正倉院〉

24 金銀平脱漆背《へいだつしつはいの》八角鏡《はっかくきょう》〈正倉院〉

25 銀平脱八角鏡箱〈正倉院〉

26 絵因果経《えいんがきょう》〈上品蓮台寺《じょうぼんれんだいじ》〉

27 聖徳太子筆　法華義疏《ほっけぎしょ》〈御物《ぎょぶつ》〉

28 聖徳太子画像〈御物〉

29 空海筆　風信帖《ふうしんじょう》〈東寺〉

30 伝橘逸勢《はやなり》筆　伊都《いと》内親王願文《ないしんのうがんもん》〈御物〉

31 藤原行成《ゆきなり》筆　和漢朗詠集〈御物〉

32 雪舟　山水長巻〈毛利報公会〉

33 藤原佐理《すけまさ》筆　離洛帖《りらくじょう》〈畠山記念館〉

34 小野道風筆　玉泉帖〈御物〉

35 宗達《そうたつ》下絵・光悦《こうえつ》書　千載集和歌巻
36 源頼朝画像〈神護《じんご》寺〉
37 平重盛画像〈神護寺〉
38 高雄《たかお》曼荼羅《まんだら》〈神護寺〉
39 明恵上人《みょうえしょうにん》画像〈高山《こうざん》寺〉
40 鳥獣人物戯画絵巻〈高山寺〉
41 阿弥陀聖衆来迎《しょうじゅうらいごう》図〈高野山有志八幡講十八箇院〉
42 源氏物語絵巻〈徳川黎明会・五島美術館ほか〉
43 三十六人家集〈西本願寺〉
44 唐津あやめ文茶碗〈田中丸コレクション〉
45 大井戸茶碗　銘「筒井筒」
46 扇面法華経冊子〈四天王寺〉
47 平家納経〈厳島《いつくしま》神社〉
48 小桜韋黄返威《こざくらがわきかえしおどし》　鎧《よろい》〈厳島神社〉
49 西本願寺黒書院　能舞台
50 埴輪　短甲《たんこう》男子像〈東京国立博物館〉
51 藤原信実《のぶざね》　三十六歌仙絵巻断簡　佐竹本〈遠山記念館〉

52 神像三体〈熊野速玉《はやたま》神社〉
53 梅原龍三郎　北京秋天〈東京近代美術館〉
54 鉄斎　富士山図屏風〈鉄斎美術館〉
55 黄不動《きふどう》〈園城寺《おんじょうじ》〉
56 東大寺法華堂　不空羂索《けんさく》観音像
57 吉祥天画像〈薬師寺〉
58 十二天画像〈東寺旧蔵〉〈京都国立博物館〉
59 東寺講堂　不動明王像
60 螺鈿《らでん》鳳凰文唐櫃《からびつ》〈法隆寺〉
61 螺鈿時雨鞍《しぐれくら》〈永青《えいせい》文庫〉
62 光琳《こうりん》　八橋《やつはし》蒔絵硯箱〈東京国立博物館〉
63 伴大納《ばんだいな》言絵詞《ごんえことば》〈出光美術館〉
64 信貴山《しぎさん》縁起絵巻〈奈良県　朝護孫子《ちょうごそんし》寺〉
65 後鳥羽天皇画像〈水無瀬《みなせ》神宮〉
66 湯女《ゆな》図〈ＭＯＡ美術館〉
67 宗達　風神雷神図屏風〈建仁《けんにん》寺〉
68 彦根屏風〈井伊美術館〉

69　那智滝図〈根津美術館〉
70　日月山水《じつげつさんすい》図屛風〈大阪府　金剛寺〉
71　地獄草紙〈奈良国立博物館〉
72　病《やまい》草紙〈関戸家〉
73　春草《しゅんそう》　落葉〈永青文庫〉
74　大観　生々流《せいせいる》転《てん》〈東京近代美術館〉
75　唐招提寺　鑑真和上《がんじんわじょう》像
76　中尊寺　金色堂
77　観心寺　如意輪観音像
78　観音寺　十一面観音像〈京都府〉
79　向源《こうげん》寺（渡岸《どうがん》寺）　十一面観音像
80　法華寺　十一面観音像
81　松尾大社　女神像
82　室生《むろう》寺　金堂
83　室生寺　五重塔
84　薬師寺金堂　薬師三尊像
85　薬師寺東院堂　聖《しょう》観音像

86　薬師寺　神像三体（僧形《そうぎょう》八幡《はちまん》神像・神功皇后像・仲津姫命像）
87　大安寺　千手観音像（馬頭観音）
88　興福寺　阿修羅像
89　法隆寺　百済観音像
90　出雲大社　本殿
91　光悦　白楽《らく》茶碗　銘「不二山」
92　桜・藤・桐・笹　刺繡小袖
93　金銀襴緞子《どんす》縫合胴服〈上杉神社〉
94　能面　近江女〈観世家〉
95　面　女〈日光輪王寺〉
96　面　延命冠者〈長滝白山神社〉
97　金地螺鈿《らでん》毛抜形太刀〈春日神社〉
98　白地鳳凰文袿《うちき》〈鶴岡八幡宮〉
99　広隆寺　弥勒菩薩半跏像
100　熊谷守一《もりかず》書　一行阿闍梨《いちぎょうあじゃり》耶《や》
101　舞楽面　石川《せっせん》〈法隆寺〉

（『芸術新潮』一九八三年四月号）

平安の蒔絵箱

平安初期に、都が奈良から京都へうつって百年経つと、それまでの中国一辺倒の文化から解き放たれ、日本人はようやく自分自身の天性の資質に目ざめる。宮廷の儀式や制度を定めた延喜式が成立し、仮名が発達して「古今和歌集」が生まれ、美術工芸の世界でも目ざめるような和様の花が咲いた。

この「宝相華《ほうそうげ》迦陵頻伽《かりょうびんが》蒔絵冊子《さっし》箱」が作られたのもその頃で（延喜十九年・九一九年）、唐時代のきびしい雰囲気を残しながら、流れるような線描と、優雅な形の中に、日本のものに特有な静かな落ちつきが感じられる（写真省略）。たいそうむつかしい名前がついているが、唐草文の間に野鳥や瑞雲《ずいうん》が金銀の蒔絵で散らしてあり、柔らかく見えるのは、素材が木ではなく、麻の下地に何度も漆が重ねて塗ってあるからだ。そういう技法を「塞《そく》」と呼ぶが、天平時代からつづいた乾漆の一種で、見ためより非常に軽いのが特色である。

表蓋に記された文字もむつかしいが、弘法大師空海が唐から請来《しょうらい》した経文の冊子がおさめてある箱の意で、諸寺を転々とした後、平安末期に仁和寺《にんなじ》の所蔵となり、現在に至っている。中身の冊子は三十帖あって、空海自筆のもののほかに、名筆で聞こえた橘《たちばなの》逸勢《はやなり》や、唐の写経生が書いたものもまじっていると聞く。もちろん今は箱とは別に保存されているが、貴重な宝物は、それに匹敵するほどの箱を作り、時には二重三重の容器に入れて大切に扱うのが古くからのしきたりであった。このことは後世の茶道具の名品を見てもわかるように、単なるしきたりというより信仰に近いもので、そういう伝統があったから破れやすいものも残ったのであろう。

宝相華は、仏教美術によく見られる空想上の花であるが、既にいくらか自由で日本的な唐草文様に変じている。同じく迦陵頻伽も、極楽に棲むという架空の鳥で、顔は美女に似て、美しい声で啼く。略してカリョウビン、インドではカラビンカと呼ばれたが、箱の蓋と身に二十数羽も描かれており、それぞれ違う姿で、違う楽器をかなでている。

その緻密でしかもゆったりとした藤原文化の粋《すい》に接する時、「王朝のみやび」のひと言では説明しきれぬ新鮮な香りがただよう。

東京遷都から百年、平安と、平成と、字面《じづら》も状況も似通っている時代に、たとえ叶わぬまでも私たちは当時の溌剌とした精神を取り戻すべきではないかと思う。

（「日本経済新聞」一九八九年二月十一日）

MOA美術館を見て

私が骨董に血道をあげていたのは、終戦直後のことである。ちょうど財産税でごった返していた頃で、方々の大名や旧家から、毎日面白いように天下の名品が出た。ちょっと背のびをすれば、私などにも手が出せる程度の値段で、時には月賦で払ったりしていたが、次から次へほしいものが出るのだから堪《たま》らない。忽ち財布の底をつき、売ったり買ったりしている間に、元も子もなくしてしまった。

お光さまの教祖、岡田茂吉氏に出会ったのはその頃である。出会ったといっても、日本橋の壺中居や繭山龍泉堂の店先で見かけるだけで、仏像のような大きな耳たぶと、ふさふさした白髪が印象に残っている。壺中居の広田さんに訊くと、ちっとも偉そうなところのない、飄飄《ひょうひょう》とした好々爺《こうこうや》だといったが、新興宗教の教祖というだけで、私は畏れをなしていた。当時の骨董屋さんたちは、まるで草木が靡くように、熱海へ熱海へと日参したもので、箱根に美術館ができたことも知っていたが、同じような理由で私は敬遠していた。つまらないことだが、結局、御縁がなかったということだろう。

この度、熱海にＭＯＡ美術館が新築され、建築がすばらしいから見に行かないかと誘われた。行ってみて、度々チャンスがありながら、岡田さんにお会いしなかったことを、残念に思った。岡田さんは昭和三十年に亡くなっていたのである。その遺志をついで、夢のような美術館が建ったというわけで、ひと言でいえば、その気宇の壮大なことに私はあっけにとられた。こまかいことはここでは省く。が、たとえば玄関から展示場へ行くだけで、いつ果てるともなくエスカレーターがつづき、高いドームの上には星がかがやき、まわりには目もあやな電気が点滅して、バッハのフーガが聞えてくるという仕掛けである。それは居ながらにして天国へ導かれるといったふうな演出で、観音巡礼の現代版といっても過言ではあるまい。エスカレーターで辿《たど》りついたところは一階で（車で行くなら山道を登ることもできる）、二階がギャラリーになっている。その途中には、ホールやロビイがいくつもあって、音楽会などが開けるようになっているが、別に能楽堂や茶室も完備しており、特に校倉造《あぜくらづく》りの倉庫はみごとという他はない。何より景色がすばらしいのがここの特徴で、青々とした海原には初島と大島が浮かび、遠く房総半島まで見はるかす風景は、正に観音浄土をまのあたり見る心地がする。

美術館の解説書には、岡田教祖の理想は、「優れた美術品を通して人々の魂を浄化し、霊性を高め、幸福に誘うことを願いとしていました」と謳《うた》っているが、建築だけみてもその遺志は完全に開花したといえるであろう。蒐集した美術品については、三千数百点に及ぶというから、一々ここに記すわけには行かない。すっかり度胆をぬかれて、家へ帰って落ち着きを取り戻した後、心に残ったものを紙面の許すかぎり書いてみることにしよう。

国宝の光琳作〈紅白梅図屛風〉や、仁清の〈藤花文茶壺〉などは、知られすぎているからここでは省く。何といっても、私の心をとらえたのは、肉筆浮世絵の〈湯女《ゆな》図〉であった。戦前、団琢磨《だんたくま》家にあった頃から、何べん、いや何十ぺんとなく見たものであるが、その度ごとにはじめて見るように新鮮で、美しく感じられる。六人の湯女のうち、真中に立っているのが一番の売れっ妓であろう、ふところ手をして、天を仰ぎ、いかにも自信ありげな様子である。その女が着ている桜のきものが実にきれいで、彼女自身が今を盛りの花のように見え、それを取巻く女たちも色っぽい。右のはしにいる二人は内緒話をしているが、桜の女の浮いた噂でもしているに違いない。全体の構図が抜群であるだけでなく、足の先までこまやかな心が通っており、ともすれば頽廃的に流れる身体の線を、力強い墨描きで引締めている。私は浮世絵というものがあまり好きではないが、初期の肉筆は例外である。その初期肉筆の中で、もっとも優れているのがこの〈湯女図〉ではないかと思っている。

だが、そんなことはくり返しいわれて来たことだ。今度見て感心したのは〈湯女図〉の表装で、今まで気がつかなかったのが不思議なくらいである。田中日佐夫氏の「岡田

肉筆浮世絵「湯女図」(MOA美術館蔵)

茂吉」(「芸術新潮」)によると、この表装は団家で仕直したものらしく、前のは破損したか、よくなかったので取り替えたのであろう。墨蹟などと違って、風俗画のたぐいは、昔はそれほど尊重されなかったのである。先ず気がつくのは、一文字と風帯に、桃山時代のみごとな鬘帯《かつらおび》(お能の鬘に用いる刺繡の帯)が使ってあることで、中廻《ちゅうまわし》には、尺八、ウンスンカルタ、首飾りなど、当時流行した南蛮風の道具を描き、上下にはざんぐりした疋田《ひった》鹿子《かのこ》の絞りが配してある。私は目が悪いので、中廻の文様が手描きか刺繡かわからなかったが、どちらにしても斬新な意匠であることに変わりはない。いずれも当時の女性が身につけていた小袖や下着の一部で、こんなに図柄と内容がぴったり調和した表具を私は見たことがない。私たちはとかく中身だけしか注意しないので、〈湯女図〉の写真も全体を撮影したものは見当たらないが、日本の書画にとって、表具というものがどんなに大切か、それによって風格が定まることを、改めて知らされる思いがした。

次に私の記憶に残ったのは、平安時代の〈彩絵《さいえ》曲物筒《まげものけ》〉で、大そうむつかしい名前がついているが、一見何の変哲もない曲物の容器である。中には立派な白銅の水瓶《すいびょう》が入っているが、私の興味をひいたのは容れものの方で、涎がたれそうな味をしている。赤外線で撮影すると、花鳥の文様が描いてあり、王朝風ののびのびした筆であるが、全体の姿に比べれば、絵などあってもなくても大した違いはない。私がほんとうに好きなのはこういうものなので、〈湯女図〉の表具と同じように、箱とか容器に心を用いる日本人の、美術品に対する愛情の深さを物語っている。

中国陶器も名品がずらりと並んで、目がくらむ思いがするが、中で珍しかったのは〈遼白釉《りょうはくゆう》　緑彩鶏冠壺《りょくさいけいかんこ》〉であった。国宝級のものの間に、こんなとぼけた珍品が交っているのは面白い。遼は十世紀から十二世紀へかけて、満蒙地方を領した契丹《きったん》の王国で、いわゆる騎馬民族の国家である。また鶏冠壺というのは、文字どおり鶏のとさかを模した壺のことで、元は遊牧の民が用いた革袋に出ている。これは中国で盛んに造られた鶏冠壺の中でも原始的で、素朴な姿をしており、点々とほどこされた緑釉の文様に、革細工の残影を見ることができる。ピカソの陶器にありそうなモダンな趣向で、一分のスキもない中国陶磁の完璧性の中に、このようなものを見出す時、心安まる思いがする。

ムア広場には、ヘンリー・ムアの彫刻が飾ってある。写真で見た時は感心しなかったが、こうして自然の景色の中において、青い空と海を背景に仰いで見ると、彫刻にとってどんなに環境というものが大切か、納得が行くような心地がする。私が今までに見たムアの作品では、一番の傑作のように思われるが、そのことについて二、三感じたことがある。この美術館には、たとえば長次郎の〈あやめ〉の茶碗とか、光悦の焼きものや漆器も展示されているが、博物館と同じような、そっけない飾りつけがしてある。鑑賞陶器ならそれでもいい。が、日本の美術品、中でも茶道具の類は、在り来たりなディスプレーでは、その美しさを充分味わうことはできない。仏像にしても同じことがいえる。

ことに宗教関係の美術館であってみれば、仏像を鑑賞するのではなくて、「仏さまを拝む」気持を見る人に与えてほしいと思う。これほど豪華な建物を造る財力と信仰心があるならば、展示にもっとこまかな神経を用い、工夫を凝らしてもいいのではないか、そう思うのは、私だけではないだろう。

最後に特筆すべきは、秀吉が大坂城内に建てたという「黄金の茶室」である。これは幻の建築として、半ば伝説的に言い伝えられて来たが、資料は全部残っているそうで、この度当美術館において復元された。珍しいのは、取りはずしのきく組立式の茶室であることで、秀吉は得意で行く先々へ持ち歩いたという。天井から柱や壁に至るまで黄金ずくめで、床には深紅のラシャの畳（絨緞）が敷きつめてある。いかにも秀吉好みの華美でハイカラな茶室であるが、組立家屋はどんなに精巧にできていても、しょせん置物の感を免かれず、土に根を下してはいないのだ。これは天下を掌中におさめた太閤殿下の贅沢な玩具にすぎない。そして、このような玩具を作った秀吉という人物が、利休を抹殺したくなったわけがよくわかるような気がする。

この頃は雨後の筍のように美術館が建つが、内容がともなっている例は至って少なく、体のいい貸画廊に変じている場合もなくはない。先に美術品の蒐集があって、建物が後にできるのがほんとうだと思うのだが、……そういう意味で、ＭＯＡ美術館ほど理想的な存在はない。それは教会の役目も果しているると同時に、私のような信仰のないものにも、極楽浄土のたのしさを満喫させてくれるのである。

（初出不詳、一九八二年四月）

「源氏物語絵巻」について

源師時《もろとき》の「長秋記」に次のような記事が載っている。

元永二年（一一一九）十一月二十七日の夜、師時は白河法皇の御所へ参上した後、中宮の方へうかがった。中宮というのは、法皇の養女で、鳥羽天皇の中宮璋子《たまこ》（後の待賢門院）のことである。そこで中将の君を介して、「源氏絵」の料紙を調進するよういわれたので、師時は承諾した。更に法皇の方からも、「画図」を準備することを命ぜられた、というのである。

今、尾張徳川家に伝わる「源氏物語絵巻」が、この時のものかどうか判らないが、はじめは五十四帖揃っていたであろうし、法皇や中宮までその企画に加わっていられるのをみると、宮廷をあげての大事業であったに違いない。残念なことに「長秋記」は、その後の部分が欠落しているため、くわしい過程を知ることはできないが、専門家の研究によって、絵巻物の制作年代は十二世紀のはじめ頃といわれているから、大体その時のものと信じていいのではないかと思う。

現存する絵巻物をみても、王朝の文化が爛熟をきわめた院政時代の作であることは確かで、このような傑作がそう何度も造られたとは信じにくい。白河法皇は、中宮璋子を、異常なほど愛していられたので、彼女のために天下の絵師を総動員して描かせたとしても不思議ではないのである。そんな風に考えるとにわかに現実味をおびて来る。たとえば「柏木」の段で、源氏の君や女房たちにとりまかれて、ひときわ大きく描かれている朱雀院《すざくいん》の姿などは、白河法皇をモデルにしたように感じられるし、また「東屋」の一場面で、女房が物語を読んでいるかたわらで、絵を眺めている浮舟は、中宮の御殿で源氏絵をたのしんでいる人々の有様を彷彿させる。そこでは巻物ではなく、一枚ずつ別の紙に描いた絵のように見え、詞書は冊子にまとめてあるらしいが、はじめはそういう形に造られていたのであろう。

徳川家の「源氏物語絵巻」も、一応「絵巻」とは呼ばれているものの、巻物の形式では出し入れする度に傷むので、先代の義親氏の英断により、現在は一枚ずつはがされて箱に入っている。巻物の形は失われたが、少しも鑑賞の妨げにならないだけでなく、保存もいいにきまっている。

もともと絵巻物は繰りひろげながら見て行くことにより、次から次へと展開する場面の面白さが主体になっていて、景色でも人間でも「動き」が中心となっている。それに反して「源氏物語絵巻」は、それぞれの場面が一枚の絵として鑑賞できるように造られており、ふつうの絵巻物とは動と静ほどの違いがある。それは「源氏物語」が、寺社の縁起や戦記物とは異なり、人間の心理を描くことに重きがおかれているためで、内面的に深く掘り下げることを必要としたからだと思う。

私が子供の頃、この絵巻物は「隆能源氏」と呼ばれていた。なぜそう呼ばれたのか知らないが、隆能は鳥羽天皇の絵所の長であったから、当たらずといえども遠からずであろう。が、その後の研究により、一人の絵師が描いたものではなく、多くの人々の手が加わっていることが解ったらしい。中宮璋子の周辺には、才能のある女房たちが集まっていたから、大体の構図は絵師がきめたにしても、装束の文様や彩色などは、絵心のある女房が筆を染めたのではあるまいか。宮廷の女性たちがこぞって参加し、「源氏物語」の世界を形づくるといったようなたのしさが、至るところに充満しているように想われる。

他の絵巻物に比して、彩色が厚ぼったく見えるのも、線より色に重点がおかれているためで、それがこの絵巻物をいっそう豊かに趣きの深いものにしている。一応下書を行っていることは、ところどころ彩色が落剝したあとに見出すことができるが、時には下書なんか無視して大胆に色を塗り、しかもその上に別の色を重ねたりしている。このことは、いつも全体を眺めながら、色によって形を塗り分けていたことを示しているが、これは殆んど油絵のやり方で、ふつうの日本画のように線の枠内に彩色するのとはまったく違う。そういうところにもこまかい技術にこだわらない鷹揚《おうよう》な美しさがあり、ほぼ同時代の「信貴山縁起《しぎさんえんぎ》」や「伴大納言絵詞《ばんだいなごんえことば》」とは異質の柔らかさと、ゆったりした叙情が感じられる。これこそ正に「源氏物語」の世界であるとともに、王朝文化の最後に開いた花ではないかと私は思っている。

だからといって、線を軽視しているわけではない。屋根や天井をはぶいて、上から内部をのぞきこむように描く方法を、「吹抜屋台」というが、文字どおり風が吹き抜ける意味を持っており、実際にははるかに暗く、うっとうしかったに違いない貴族の生活に、和やかな光を与えると同時に、俯瞰《ふかん》することによって、広く、奥深い邸の中が隅々まで見渡せるようになっている。そこを縦横に区切っている框《かまち》や柱の線、また簾《みす》や廊下の描写の線の何と見事であることか。また、屏風や几帳をいくつも並べて、しかも窮屈に見えないことなども凡庸な画家のよく為すところではない。

今、世間ではジャポニスムという言葉がはやっており、印象派の画家たちが、浮世絵や錦絵の俯瞰的な構図とか、華やかなきものの文様や彩色に興味を抱いたことに有頂天になっているが、そんなものは八百年も昔から我々の祖先がやって来たことなのだ。ただ惜しむらくは、彼らが江戸末期の頽廃した作品にしかふれる機会がなかったことで、影響をうけたといっても、印象派の絵に本質的な変化を与えたとは信じにくい。もしゴッホやドガが「源氏物語絵巻」に接していたら、魂の底まで揺るがしたに違いないのである。それでこそ影響を及ぼしたといえるのであって、軽薄なジャポニスム如きに有頂天になっている人々の気が知れない。気が知れないどころか、自分の国の文化にかくも盲目になっている事実に、私はある種の恐れさえ感じている。わずかに影響を与えたといえるのは工芸品だけで、その工芸品の醜悪なことといったら、こちらが恥かしくなるくらいである。

「吹抜屋台」と並び称されるのは、「引目《ひきめ》鉤鼻《かぎはな》」と呼ばれる人物の表情であろう。誰が名づけたか知らないが、おそろしく無風流な名称である。貴族は感情をあらわにしないというところに出た表現ともいわれるが、そんな簡単なものではないと思う。眼はただ一本の細い線で描き、鼻は鼻とわかる程度にちょっと曲げて描いてあるだけで、装束や調度にあれほど凝った人々が、人間の表情だけは極端に簡略化しているのは何故だろう。

私がおもうに、刻々に変わる人間の表情というのは頼りないものである。たとえば「伴大納言絵詞」の中の群衆のように、あっけにとられたり驚いたりしてそれぞれに変わっていれば、一つの塊《マス》としてとらえることができるが、「源氏物語」のように一人一人の心の中の葛藤《かっとう》や心理を描き出すことはむつかしい。

たとえば「宿木」の巻で、匂の宮が、身重の中の君を慰めるために、縁の柱にもたれて琵琶を弾いている図などは、「源氏物語」の中でもことに情趣の深い場面である。二人の心の中ではさまざまの思いが入り乱れており、それを一つの表情で現すことなど誰にもできはしない。そういうものは引目鉤鼻で省略しておき、しどけない直衣《のうし》姿で琵琶を弾いている匂の宮の姿と、脇息にもたれて物思いにふけっている中の君の、やや苦しげな形で表現することにより、百の説明より多くのことを語りかけて来る。

勾欄をへだてて何げなく描かれた前栽《せんざい》の秋草も単なる点景とはいえない。

枯れ枯れなる前栽のなかに、尾花の、ものよりことにて手をさし出でて招くがをかしく見ゆるに、まだ穂に出でさしたるも、露をつらぬきとむる玉の緒、はかなげにうちなびきたるなど、例のことなれど、夕風なほあはれなるころなりかし。

と、「源氏物語」の原文にあるように、前栽の風景は、匂の宮と中の君の心情をそれとなく現しており、二人の方へ向かってなびいている秋草の姿にも、妙なる琵琶の音色に聞きほれているような感じがする。

「蓬生」の巻では、光源氏が荒野と化した末摘花《すえつむはな》の邸を訪ねる場面を描写しているが、ここでは自然の草花が主体になっていて、逆に源氏の心を反映して見せている。それはまた画面には描かれていない末摘花の哀れさでもあって、容姿は醜くてもひたすら源氏を信じて生きて来た女の真情を暗示している。

一々例をひくことはできないが、華やかな場面は華やかなように、寂しい場面は寂しいように、自然描写にもこまかな工夫が凝らされているのである。「源氏物語絵巻」はそのようにして、周囲から人物の気持を盛りあげて行く。造りあげているといったほうが正確かも知れない。刻々に変わる人間の表情なんてものは、引目鉤鼻で事は足りる。注意して見れば、その表情のない表情が、どんなに多くのことを語っているか。王朝時代に生まれた引目鉤鼻の伝統は、その後も長く受けつがれ、能面の上にみごとな花を咲かした。能面は、それだけみれば死物も同然である。だが、一旦装束をつけて舞台に上り、身体の動きによって喜怒哀楽を現す時、忽ち生命を得て潑剌と蘇る。生身の人間などそばにも寄れぬ程それは美しく、鮮明な印象を与えるのだ。「源氏物語」五十四帖のうち、せいぜい六分の一程度しか現存していないが、全部揃っていた時はどんなに美しかったことだろう。と思うかたわら、「源氏物語」の「もののあはれ」は、却って現在のやや落剝した絵巻の中に、いっそう深く味わうことができるのではなかろうか。

花は盛りに、月はくまなきをのみ見るものかは、雨に向ひて月を恋ひ、垂れこめて
　春の行くへ知らぬも、なほあはれに情深し。

といったのは兼好法師であるが、更にこのような言葉も遺している。

うすものは上下《かみしも》はづれ、螺鈿の軸は貝落ちて、後こそいみじけれ。……物は必ず一具に整へむとするは、拙《つたな》き者のする事なり。不具なるこそよけれ。（徒然草）

それは吹抜屋台や引目鉤鼻に共通する日本人の美意識を現しており、「源氏物語絵巻」の情趣を、何よりもよく語っているように思う。

（『徳川美術館　1』日本放送出版協会、一九八八年）

解説「美しいもの」

青柳　恵介

本書には、白洲正子の日本美術史にかかわるエッセイを選んで、ほぼ執筆年代順に収めた。読者は通読されると、それが美術館の、あるいは寺の所蔵になる国宝、重要文化財であっても、いわゆる美術史の解説とは一味違って、白洲さんの生活とのかかわりを感得されるであろうし、白洲さんが抱いている歴史上の関心事とかかわってそれが論じられていることを了解されるであろう。観念的に美術史家の通史を引くということを白洲さんはしていない。白洲さんは、自分の目の高さでものを見る、自分に響いた声以外のことは書かない、という態度を持している。

また、あらためて私は白洲正子の連想力の豊かさに驚く。白洲さんは貪欲に歩いて、貪欲に見た人であった。直接に見た美術品の量は膨大である。その膨大な量の美術品を何時でも検索可能な状態で記憶していた。

志賀直哉は「ぢかにみたものは頭に残る。活字で読んだことは頭に残らない」（「S君との雑談」）と言い、「自分は一つの美術品を見るのにその解説の必要を殆ど感じない。自分を芸術家らしく云ふわけではないが、自分が美術品に要求するものが如何に自分の心を震ひ動かして呉れるかといふ事だ。そのものの芸術的価値を客観的に判断するよりも、それを製作してゐる製作者の気持が直接自分の心に映って来ることが美術品に触れる自分の喜びなのである。その美術品が本統に分つたと感じられるのはかういふ場合である」（「主我的な心持」）と述べているが、この志賀直哉の感想は、そのまま白洲正子の美術品に対する態度にも共通するだろうと思う。「主我的な心持」でものを見るという行為は、一見楽なものの見方のように思われるかもしれないが、実は強い意志を必要とするし、何より実践の積み重ねがなければ不可能な行為なのだと思う。

「ぢかに」見て、白洲さんの頭に残った美術品は、あらたなものを見る際に、無意識のうちに引き出され、もう一度頭の中で像を結び、今見ているものの見る力を支えるのである。私の言う連想力とはその力のことである。記憶力がいいということだけではなく、しっかりと見たという過去の知覚力が連想力に繋がるのである。「自分の心を震ひ動かして呉れる」美術品は、人それぞれだ。そこにその人の個性が現れる。本書によって白洲正子の個性を読み取っていただきたい、それが編者の第一の目的である。

白洲正子は二十世紀を生きた人の中で、珍しく美術を広い範囲でとらえた人であったと言えないだろうか。歴史と美術、文学と美術、この領域を区切ってものを見、ものを考えるのが時代の傾向であったはずだが、白洲さんはそこからはみ出すものを求めていたようにも思える。

旅をして、好きな景色を発見する。その場所に何度も足を運ぶ。その景色を堪能しつつ、その場の歴史を考えるという方法、この方法における「景色」は美術の領域の意味も持ってくるようだ。近江の三上山を遠望し、「そういう景色を見るたびに私は、日本の自然と歴史のかかわりあいを、想ってみずにはいられない。時には景色のほうが、生半可な史料より、確かなことを教えてくれる場合もある」（「木と石と水の国」）と白洲正子は言う。近江をあちこち歩いているうちに、もう三上山は白洲さんの心の中の聖なる美術品になってしまっていたのではなかろうか。山は自然物であるに違いない。しかしそれが心の中の美術品になる、その過程こそ歴史というものではないか、と白洲さんは指摘しているように私には思われる。

あるいは、文学と美術の問題。たとえば光悦の舟橋の硯箱（「日本の橋」）、たとえば鎌倉時代の「時雨の鞍」（「謎ときの楽しみ」）で、それぞれ一首の歌は工芸品の単なる一つのデザインではない。歌は工芸品が製作される動機になっており、そして製作された工芸品がもう一度、古歌を歌うのである。古典文学が日本美術の発想にいかに大きな役割を果たしているか、これを解き明かすことは今日の美術史研究の課題である。文学と美術が共存していた時代は長いのである。

美術を美術という領域に閉ざして鑑賞する態度を、かりに作品主義と呼ぶとすると、白洲正子が作品主義から自由であったのは、工芸品を愛好したことが大きな理由であったと思う。能面や能装束は、そのものそれ自体鑑賞可能な美術品であるけれど、「作品」ではなく——ついでながら付言すると白洲さんはこの「作品」という言葉を非常に嫌った——、能舞台で使って最も生きる美術品である。茶碗も壺も、器もすべて「作品」ではなく用途をもった道具である。道具は活用する舞台をもってはじめて生きる。その消息を知ろうとすれば、領域の広い舞台への関心を捨てることはできない。

いささか不埒《ふらち》なもの言いになるかもしれないが、仏像も信仰という用途をもった道具であって、「作品」ではない。あるいは仏像は寺という舞台があってはじめて生きる彫刻であると言ってもいい。繰り返すが、白洲正子が広い範囲で美術を眺めたのは、用途と舞台への想像力があってのことであろう。逆に言えば、用途も舞台もなしに美術は生まれ得るものであるのか、という近代の美術に対する批評が、白洲正子の美術論を裏打ちしてもいるのである。

本書の中に「日本の百宝」というリストがある。日本の美術の中から百点（実際は百一点になった）を選ぶに際し、あれかこれか、これを入れるならあれも入れるか、とさんざん悩んだ様子がうかがえるし、その順番を追って行くと、白洲さんの連想の跡も辿れてなかなか興味深い。本書の中で取り上げられているものもあり、どうしてそれが好きなのか語られているので対照しながら読むとさらに面白い。

白洲さんは選んだ「百宝」について「総花式なおつき合いになってしまった」と言うが、石造美術あり古面あり、小袖や胴服ありで、白洲さんらしさは充分に現れている。ここでもいわゆる工芸品が数多く選ばれている。しかし、この「百宝」を選んだあとにリストを眺めて、我ながら「総花式」だなあという感慨を覚えたと打ち明ける白洲さんも納得できる。やっぱりいいものはいいのだ、という感慨であろう。白洲さんはまたオーソドキシーを外さない人でもあった。私は、日本百名山の踏破ではないけれど、白洲さんの「日本の百宝」の中でまだ見たことのないものを、丁寧に見ることを目下自分に課している。そしてそれは、「主我的な心持」を持すことと誰かの目に寄り添ってものを見ることとはどう折り合いがつくかという実験でもある。

美術をめぐる白洲正子の著作には、数多くの図版が差し挟まれている。雑誌、図書の図版の技術的な進歩とともに白洲さんは数多のエッセイを執筆してきたとも言えよう。白洲さんの図版への配慮は細やかであったと担当の編集者に聞いたこともある。が、本書では文庫本という制約もあり、多数の図版を割愛せざるを得なかった。読者各位に了解を得なければならぬところである。日本美術に対する白洲正子の姿勢、その言説が具体的にいかなるものであったかを知っていただくことを本書は優先した。

しかし、また一方で白洲正子の文章は、図版に寄り掛かって書かれてはいないことも本書によって判然とするのではなかろうか。横に挿図があることを前提にした文章も散見されるが、挿図を見ないでも、挿図は想像裡に浮かび上がってくるものが多い。ものの説明よりも、ものの急所を押える文章を白洲さんは工夫した。そうした文章から、読者は画像を媒介としない像を脳裏に浮かべることができるであろう。私など写真で見て、見たように思って失敗した経験は数多くある。実際に見ることが第一義だ。しかし、実際に見ることができぬものもあるし、文章から画像を思い描くという実験もかなわぬものもあるけれども、それは全集もしくは初出本にあたって見られる読者の手間を願う。

本書は以下の各書籍および単行本未収録作品から抜粋・構成したものです。
ワイアンドエフ（現・メディア総合研究所）刊『ひたごころ』、世界文化社刊『日月抄』『風花抄』『夢幻抄』『独楽抄』『行雲抄』、新潮社刊『名人は危うきに遊ぶ』、講談社刊『十一面観音巡礼』、法蔵館刊『新版私の古寺巡礼』
各作品は、新潮社刊『白洲正子全集』第一〜十四巻（二〇〇一〜二〇〇二）を底本としました。

編集付記

・表記については、底本とした『白洲正子全集』の新字・新かなづかいによった。
・作品の配列はおおむね発表年代順としたが、前後の関係から不同とした場合もある。
・各作品の末尾に作品の掲載初出を示した。不詳のものは「初出不詳」などとした。
・本書の作品名が原題と違う場合は、その原題を付記した。
・写真省略などにより底本の本文と相違が出る場合は、括弧で注記した。
・本文中には、今日の人権問題の見地に照らして、不当・不適切と思われる表現があるが、著者が故人であることと作品の時代背景を鑑み、原則的に底本のままとした。

美《うつく》しいもの

白洲正子《しらすまさこ》エッセイ集《しゅう》〈美術《びじゅつ》〉

白洲正子《しらすまさこ》　青柳恵介《あおやぎけいすけ》＝編

平成27年 5月25日　初版発行
令和 7 年 5月30日　9 版発行

発行者●山下直久

発行●株式会社KADOKAWA
〒102-8177　東京都千代田区富士見2-13-3
電話　0570-002-301（ナビダイヤル）

角川文庫 19200

印刷所●株式会社KADOKAWA
製本所●株式会社KADOKAWA

表紙画●和田三造

●お問い合わせ
https://www.kadokawa.co.jp/（「お問い合わせ」へお進みください）
※内容によっては、お答えできない場合があります。
※サポートは日本国内のみとさせていただきます。
※Japanese text only

ISBN978-4-04-409484-3　C0195

角川文庫発刊に際して

角川源義

第二次世界大戦の敗北は、軍事力の敗北であった以上に、私たちの若い文化力の敗退であった。私たちの文化が戦争に対して如何に無力であり、単なるあだ花に過ぎなかったかを、私たちは身を以て体験し痛感した。西洋近代文化の摂取にとって、明治以後八十年の歳月は決して短かすぎたとは言えない。にもかかわらず、近代文化の伝統を確立し、自由な批判と柔軟な良識に富む文化層として自らを形成することに私たちは失敗して来た。そしてこれは、各層への文化の普及滲透を任務とする出版人の責任でもあった。

一九四五年以来、私たちは再び振出しに戻り、第一歩から踏み出すことを余儀なくされた。これは大きな不幸ではあるが、反面、これまでの混沌・未熟・歪曲の中にあった我が国の文化に秩序と確たる基礎を齎らすためには絶好の機会でもある。角川書店は、このような祖国の文化的危機にあたり、微力をも顧みず再建の礎石たるべき抱負と決意とをもって出発したが、ここに創立以来の念願を果すべく角川文庫を発刊する。これまで刊行されたあらゆる全集叢書文庫類の長所と短所とを検討し、古今東西の不朽の典籍を、良心的編集のもとに、廉価に、そして書架にふさわしい美本として、多くのひとびとに提供しようとする。しかし私たちは徒らに百科全書的な知識のジレッタントを作ることを目的とせず、あくまで祖国の文化に秩序と再建への道を示し、この文庫を角川書店の栄ある事業として、今後永久に継続発展せしめ、学芸と教養との殿堂として大成せんことを期したい。多くの読書子の愛情ある忠言と支持とによって、この希望と抱負とを完遂せしめられんことを願う。

一九四九年五月三日

角川ソフィア文庫ベストセラー

ジャパノロジー・コレクション
妖怪　YOKAI
監修／小松和彦

北斎・国芳・芳年をはじめ、有名妖怪絵師たちが描いた妖怪画100点をオールカラーで大公開！　古くから描かれてきた妖怪画の歴史は日本人の心性の歴史でもある。魑魅魍魎の世界へと誘う、全く新しい入門書。

ジャパノロジー・コレクション
和菓子　WAGASHI
藪　光生

季節を映す上生菓子から、庶民の日々の暮らしに根ざした花見団子や饅頭まで、約百種類を新規に撮り下ろし、オールカラーで紹介。その歴史、意味合いや技などもわかりやすく解説した、和菓子ファン必携の書。

ジャパノロジー・コレクション
根付　NETSUKE
駒田牧子
監／渡邊正憲

わずか数センチメートルの小さな工芸品・根付。仏像彫刻等と違い、民の間から生まれた日本特有の文化である。動物や食べ物などの豊富な題材、艶めく表情など、日本人の遊び心と繊細な技術を味わう入門書。

ジャパノロジー・コレクション
千代紙　CHIYOGAMI
小林一夫

眺めるだけでも楽しい華やかな千代紙の歴史をひもとき、「麻の葉」「七宝」「鹿の子」など名称も美しい伝統柄を紹介。江戸の人々の粋な感性と遊び心が表現された文様が約二百種、オールカラーで楽しめます。

能のドラマツルギー
友枝喜久夫仕舞百番日記
渡辺　保

盲目の名人・友枝喜久夫の繊細な動きの数々に目をとめ、そこに込められた意味や能の本質を丁寧に解説。舞台上の小さな所作に秘められたドラマと、ひとりの名人の姿をリアルに描き出す、刺激的な能楽案内。

角川ソフィア文庫ベストセラー

能、世阿弥の「現在」　土屋恵一郎

面や装束の記号的な意味、序の舞の身体、ドラマを生み出す仕掛けとしての夢、世阿弥の言葉「花」「離見の見」「幽玄」。能のさまざまな側面に切り込み、演劇空間の「現在」がどのようにつくられるかに肉薄する。

京都　まちなかの暮らし　寿岳章子　絵／沢田重隆

東山三条古川町、南禅寺――。二代にわたって京都に暮らした著者が、幼き日と青春時代の思い出、柳宗悦ら文化人や京文化を支える人々との出会いを綴る。美しい細密画と共に古都の魅力と素顔を伝えるエッセイ。

京に暮らす悦び　寿岳章子　絵／沢田重隆

中世と変わらぬ祇園祭の活気、先人の知恵を継ぐ長屋の生活――。町こわしが進む京都にも、古き良き町並みと暮らしを守る人々がいる。四季折々の風物や亡き父との思い出を、百余点の美しい細密画にのせて綴る。

死なないでいる理由　鷲田清一

〈わたし〉が他者の思いの宛先でなくなったとき、ひとは〈わたし〉を喪い、存在しなくなる――。現代社会が抱え込む、生きること、老いることの意味、そして〈いのち〉のあり方を滋味深く綴る。

大事なものは見えにくい　鷲田清一

ひとは他者とのインターディペンデンス（相互依存）でなりたっている。「わたし」の生も死も、在ることの理由も、他者とのつながりのなかにある。日常の隙間からの「問い」と向き合う、鷲田哲学の真骨頂。